LES ÉTATS-DÉSUNIS DU CANADA

LES MOUVEMENTS SÉPARATISTES HORS QUÉBEC

Projet dirigé en collaboration par Myriam Caron Belzile et Pierre Cayouette

Conception graphique : Julie Villemaire
Mise en page : Andréa Joseph [pagexpress@videotron.ca]
Révision linguistique : Sophie Sainte-Marie et Isabelle Rolland
Visuel de couverture : Guillaume Lépine
Images en intérieur, à l'exception des photographies et illustrations dont le crédit est autrement attribué : Productions de la ruelle, 2014. Tous droits réservés. www.productionsdelaruelle.com

Québec Amérique
329, rue de la Commune Ouest, 3e étage
Montréal (Québec) Canada H2Y 2E1
Téléphone : 514 499-3000, télécopieur : 514 499-3010

Nous reconnaissons l'aide financière du gouvernement du Canada par l'entremise du Fonds du livre du Canada pour nos activités d'édition.

Nous remercions le Conseil des arts du Canada de son soutien. L'an dernier, le Conseil a investi 157 millions de dollars pour mettre de l'art dans la vie des Canadiennes et des Canadiens de tout le pays.

Nous tenons également à remercier la SODEC pour son appui financier. Gouvernement du Québec – Programme de crédit d'impôt pour l'édition de livres – Gestion SODEC.

Conseil des Arts du Canada — Canada Council for the Arts

SODEC Québec

Catalogage avant publication de Bibliothèque et Archives nationales du Québec et Bibliothèque et Archives Canada

Maroist, Guylaine
Les États-Désunis du Canada : les mouvements séparatistes hors Québec
(Dossiers et documents)
ISBN 978-2-7644-2724-8 (Version imprimée)
ISBN 978-2-7644-2782-8 (PDF)
ISBN 978-2-7644-2783-5 (ePub)
1. Nationalisme-Canada-Provinces. 2. Canada-Histoire-Autonomie et mouvements indépendantistes. 3. États-Désunis du Canada (Film).
I. Sauvé, Mathieu-Robert. II. Titre. III. Collection : Dossiers et documents (Éditions Québec Amérique).
FC98. M372 2014 320. 540971 C2014-941784-5

Dépôt légal : 4e trimestre 2014
Bibliothèque nationale du Québec
Bibliothèque nationale du Canada

quebec-amerique.com

Imprimé au Québec

GUYLAINE MAROIST
MATHIEU-ROBERT SAUVÉ

LES ÉTATS-DÉSUNIS DU CANADA

LES MOUVEMENTS SÉPARATISTES HORS QUÉBEC

QuébecAmérique

Les États-Désunis du Canada

un film de Guylaine Maroist, Éric Ruel et Michel Barbeau

Un documentaire qui a fait réagir

La bande-anonce avait fait bondir les réseaux sociaux. Le film atteint la cible !

Paul Arcand

Les États-Désunis du Canada : *un documentaire explosif sur le Québec vu de l'Ouest. Par une cinéaste qui ne craint pas les sujets controversés …*

Marie-France Bazzo

Un film vraiment bon, éclairant, instructif, extrêmement divertissant. […] À voir absolument !

Benoît Dutrizac, 98,5 FM

Le cours d'Histoire canadienne 101 qu'il offre, […] constitue une explication économique du pays qui ne manque pas de justesse.

Mario Roy, *La Presse*

Ce documentaire [...] *va bien au-delà du clivage Québec/* ROC. *En présentant plusieurs partis séparatistes et leurs représentants, partout au pays,* from coast to coast, *de Terre-Neuve à la Colombie-Britannique, c'est un Canada morcelé en une multitude de sociétés distinctes qu'on révèle au grand jour.*

Simon Jodoin, *VOIR*

Des mêmes producteurs que le controversé Gentilly or not to be *(les Productions de la ruelle),* Les États-Désunis du Canada *risque de faire beaucoup jaser, en transformant la traditionnelle question:* What does Québec wants *en* What does the Rest of Canada want?

Josée Guimont, « Les États-Désunis du Canada: multiples solitudes », *Le Soleil*, 8 décembre 2012

Le film nous fait découvrir qu'à l'instar du Québec, les Canadiens de l'Ouest et de l'Est entretiennent eux aussi un ressentiment contre le pouvoir central exercé à Ottawa

Guillaume Bourgault-Côté, « Télévision à la une – L'Illusion canadienne ? », *Le Devoir*, du 8 au 14 décembre, 2012

The film provides an accelerated history lesson, showing how east and west ends of the country were brought together in 1867 by John A. Macdonald, who had ulterior motives of his own as a shareholder in the Canadian Pacific Railway.

None of this is new, of course, but this film lays it all out with more depth and humour than you'll find on the daily news.

T'Cha Dunlevy: « Cracks in Canadian unity run from coast to coast; Sovereignists all over documentary shows », *The Gazette*, 7 décembre 2012

Table des matières

Avant-propos

Le 29 octobre 2012, à 16 h, l'équipe des Productions de la ruelle met sur YouTube la bande-annonce des *États-Désunis du Canada*. Avant le lever du soleil le lendemain, 120 000 personnes l'ont visionnée. À 6 h, je suis réveillée par le téléphone de la recherchiste de Paul Arcand, qui veut réaliser une entrevue pour son émission matinale. Avant même l'heure d'ouverture officielle de nos bureaux, nous avons des demandes de TVA, de Radio-Canada et d'une kyrielle de stations de radio de la province. Après avoir visionné le film envoyé par notre attachée de presse, *Tout le monde en parle* transmet une invitation pour le dimanche suivant. Dans le monde « confidentiel » du documentaire, un tel départ de campagne de promotion est plus qu'exceptionnel : inimaginable est le mot…

Qu'y a-t-il dans cette bande-annonce ? Des Canadiens anglais qui souhaitent l'éclatement « du *plus meilleur* pays au monde ».

« Le Canada est un cas désespéré. Il ne suscite aucune passion. Il n'a pas sa raison d'être. Ce n'est qu'une triste illusion de ce qu'un pays pourrait être. »

« Si vous n'avez pas une culture commune, une langue commune, des valeurs communes, c'est impossible d'avoir une société libre et épanouie. »

« Lorsqu'on entend parler des garderies à sept dollars, du financement des arts et de toutes ces choses dont le Québec bénéficie, ça nous dégoûte. Ce sont les gens de l'Ouest qui paient ça ! Nous n'en pouvons plus[1] ! »

Qui s'exprime ainsi ? Douglas Christie, un avocat de la Colombie-Britannique ; Neil Fenske, un fermier de la Saskatchewan ; Leon Craig, professeur émérite de l'Université de l'Alberta. Ce spécialiste de philosophie politique enfonce le clou : « La perte nette de l'Alberta correspond exactement au gain du Québec. Il y a un fort sentiment anti-Québec en Alberta. Avez-vous remarqué ? »

La bande-annonce s'achève sur des extraits de commentaires d'internautes publiés sur le site Internet du *National Post*, dans lesquels on traite les Québécois de voleurs. « Ça coûterait moins cher d'exterminer de la vermine… », peut-on lire dans un message particulièrement virulent.

Les internautes sont scandalisés, les médias traditionnels interloqués, les séparatistes québécois se réjouissent, les fédéralistes sont dégoûtés et les animateurs de radio-

---

1. Note de l'éditeur : À moins d'indication contraire, tous les propos rapportés ont été tenus en anglais et sont ici livrés en traduction libre. De même, les extraits d'ouvrages et d'articles de langue anglaise cités dans le texte ont généralement été traduits par les auteurs. Enfin, les chiffres et les données indiqués sont généralement ceux disponibles au moment de l'entrevue.

poubelle s'en donnent à cœur joie. Le délire prend des proportions telles que nous nous voyons obligés de retirer l'extrait des médias sociaux. Notre petite boîte n'est pas en mesure de répondre à un si grand déferlement de passion…

On nous accuse tour à tour d'être des complotistes, des propagandistes, des anti-Québécois, de faux documentaristes, des imposteurs. Comme si ce phénomène était fabriqué de toutes pièces.

Pourtant, l'existence de mouvements souverainistes et autonomistes est une réalité. Une vérité vérifiable, si on se donne la peine d'aller voir de plus près.

Le regain des mouvements souverainistes s'est accéléré un peu partout dans le monde. Même en Europe. La Catalogne en Espagne, l'Écosse en Grande-Bretagne, la Corse en France, le Pays basque en Espagne, la Flandre en Belgique, la Padanie en Italie…

Question d'argent, de pouvoir politique. Question aussi d'histoire et de culture.

Le Canada anglais n'échappe pas au phénomène. Il existe des mouvements souverainistes d'un océan à l'autre, et ce, depuis bientôt 150 ans. Au Québec, la nation sans État la plus susceptible de faire l'indépendance sur le continent nord-américain, la lutte des souverainistes a fait en sorte que nous n'avons jamais même envisagé les spécificités culturelles des autres provinces du Canada, qu'on surnomme (un peu vite) le *ROC* (*the Rest of Canada*). Les régions canadiennes ont non seulement leurs spécificités, elles ont aussi leurs séparatistes. Ce livre a pour but de présenter ces mouvements et de faire entendre ces voix qui grondent d'un océan à l'autre.

Le premier contact

Printemps 2005. Nous sommes en tournage à Balzac, petite municipalité en banlieue de Calgary. Nous, c'est Éric Ruel, mon *chum*, co-réalisateur et producteur; Douglas Munro, le directeur photo que nous avons embauché sur place; et moi-même, documentariste. J'ai un peu voyagé dans ma vie, j'ai vu le Moyen-Orient, le nord de l'Afrique, l'Amérique latine, l'Europe, bien sûr, et au moins la moitié des États-Unis, mais, comme bien des Québécois et Québécoises, je n'ai jamais franchi la frontière ouest de l'Ontario. Je n'ai jamais mis les pieds dans l'Ouest canadien, ni vu « nos » Rocheuses, celles pour lesquelles bon nombre de mes compatriotes ont coché *non* aux deux référendums sur la souveraineté.

Pourquoi l'Alberta? Nous tournons un documentaire (*Bombes à retardement*, sorti en 2007) qui relate le triste sort réservé à une quarantaine de jeunes soldats canadiens. En 1957, lors des essais nucléaires du Nevada, 40 soldats canadiens avaient été utilisés comme cobayes lors de tests nucléaires. Cinquante ans plus tard, un des rares survivants, Jim Huntley, est en face de moi. Je le sens méfiant. Normal, me dis-je. Plusieurs personnes sont méfiantes lorsqu'elles voient arriver quelqu'un avec une caméra. Je sais par expérience qu'un peu de temps passé avec l'interviewé ravivera la confiance. Je pose un petit micro sans fil sur sa chemise avant d'aller m'asseoir à côté de la caméra, en attendant que le caméraman fasse ses ajustements pour le foyer et la luminosité. Je souris. Pour meubler le temps, Jim me demande :

— *Where are you from ?* D'où venez-vous ?

Je le lui ai déjà dit lorsque je l'ai appelé pour prendre rendez-vous une semaine plus tôt, c'est l'évidence même avec l'accent que j'ai, mais je lui réponds que je viens du Québec.

— Le Québec ? répète-t-il en grimaçant. Je déteste les Québécois et le Québec. Si le Québec, l'Ontario ET les Maritimes pouvaient sombrer dans l'Atlantique, je me sentirais beaucoup mieux !

Belle façon de mettre la table… J'ai regardé Éric du coin de l'œil. Mon fier Québécois n'avait pas bronché. J'ai commencé mon entrevue comme si je n'avais rien entendu. Deux heures plus tard, l'atmosphère était plus détendue. Après nous avoir raconté avec force détails son aventure dans le désert, la maladie qui avait emporté la plupart de ses compagnons d'infortune, l'ex-soldat devenu entraîneur de chevaux était reconnaissant. Deux Québécois avaient traversé le pays pour l'écouter et pour l'aider. Il n'en revenait pas. Je lui rappelle en souriant que j'en suis très heureuse parce nous pensions qu'il allait nous mettre à la porte en début d'après-midi…

— Ne le prenez pas d'une manière personnelle, me dit l'ancien soldat. Mais nous n'avons pas la même culture que vous, et ça irrite beaucoup de gens ici.

— Alors vous croyez qu'on devrait se séparer ?

— Non, je crois que c'est NOUS, les gens de l'Ouest, qui devrions nous séparer !

On s'est tous mis à rire. Mais ce n'était pas une blague…

Le ras-le-bol des Albertains

J'avais déjà entendu parler des séparatistes de l'Ouest dans un entrefilet du *Devoir*. Ça m'avait fait sourire. Je m'étais dit que c'était un phénomène marginal, qu'il s'agissait sans doute d'une bande de vieux cow-boys grincheux. Pas du tout le type de Douglas Munro, le directeur photo albertain que nous avions embauché pour nos prises. Jeune quarantaine, 1,95 m, Doug est un des caméramans les plus doués que nous ayons rencontrés dans notre carrière. Éric et lui ? Comme larrons en foire. Mon complice est hyper pointilleux pour les cadrages, ce qui rend complètement fous les directeurs photo que nous embauchons. Avec Doug ? Jamais un millimètre à recadrer, jamais rien à redire. Un passionné, bourré de références cinématographiques, un gars qui peut travailler de 6 h du matin à minuit sans exiger de pause… Un *d.o.p* (*director of photography*, ou directeur de la photographie) comme Éric les aime ! Pas étonnant que Doug soit le caméraman qui tourne le plus dans l'ouest du continent, aussi bien au Canada qu'aux États-Unis. Alors sur le chemin du retour, sur le Macleod Trail, dans la minifourgonnette que nous avions louée, je n'ai pu m'empêcher d'interrompre la conversation enflammée d'Éric et de Doug sur les nouvelles caméras haute définition.

— Il y en a beaucoup, des séparatistes, en Alberta ?

— Tu en as un devant toi ! me répond-il fièrement.

Je n'ai rien dit. Éric non plus. C'est un truc quand on fait des entrevues. Ne rien dire. Ne plus poser de questions. Et là, parce que la nature (humaine incluse) a horreur du vide, ça sort. Dans le cas de Douglas, une tempête de mots d'une bonne demi-heure. L'aliénation de l'Ouest. Les tonnes d'argent déversées à l'Est. Le mépris des Ontariens pour les gens de l'Ouest. L'incompréhension de nos gouvernants à Ottawa. Les *goddamn Quebecers.*

— Je ne m'identifie à aucun des partis souverainistes de l'Alberta, mais je crois parfois que la solution serait la séparation de notre province. Mais le problème, c'est que je veux que mon pays s'appelle *Canada*. Les Albertains sont les plus patriotiques des Canadiens. Les seuls qui respectent vraiment nos Forces armées. Le nom nous revient ! a-t-il lancé avec un éclat de rire.

Nous venions de trouver le sujet de notre prochain documentaire.

Des séparatistes *from coast to coast*

À mon retour à Montréal, je fais un peu de recherche sur le sujet. Je tombe sur une brève dans le *National Post*, qui me fait sursauter. Selon un sondage réalisé par le *Western Standard* en 2005, 35,6 % de la population des 4 provinces de l'Ouest croient qu'elle « devrait commencer à explorer l'idée de former son propre pays[2] ».

Ce sondage a eu l'effet d'une bombe dans les médias canadiens, qui contestent sa méthodologie et la formulation de la question. Nous abordons d'ailleurs la question dans la section intitulée « Un sondage évocateur » du présent livre. Mais impossible de nier l'existence du phénomène.

En 2008, un sondage réalisé par Ipsos-Reid, paru dans l'*Ottawa Citizen* le 15 juillet 2008, va même plus loin : 15 % des Canadiens seraient d'accord pour que leur province quitte le Canada.

Chose certaine, une minorité de cet ordre, ça ne brise pas un pays. Mais je me rends compte que plusieurs de nos compatriotes anglophones, ceux qu'on croit tous unis sous la feuille d'érable ou le portrait de la reine d'Angleterre, ne se reconnaissent pas dans le pays imaginé par John A. Macdonald…

Des séparatistes, il n'y en a pas seulement en Alberta, mais partout au Canada. *A mari usque ad mare*. D'un

2. Le sondage a été effectué auprès de 1 448 adultes de la Colombie-Britannique, de l'Alberta, de la Saskatchewan et du Manitoba.

« According to the poll, which was conducted in July, using random selection methods, 35.6 per cent of westerners agreed with the statement: "Western Canadians should begin to explore the idea of forming their own country." » Kevin Steel, « A nation torn apart », *Western Standard,* 22 août 2005, www.westernstandard.ca/website/article.php?id=928

océan à l'autre. Et encore plus dans les extrémités, puisqu'on s'y sent loin du cœur du pays : Ottawa.

Le mot « séparation » est donc bilingue. Et il se prononce aussi bien avec l'accent des jeunes environnementalistes de la Colombie-Britannique que celui des travailleurs du pétrole de l'Alberta, des modestes fermiers de la Saskatchewan et des pêcheurs désabusés de Terre-Neuve.

Le gène du séparatisme est dans l'ADN du pays depuis sa conception.

« Les tensions politiques et régionales que l'on connaît aujourd'hui faisaient partie de sa vie quotidienne », rappelle Brian Mulroney, au sujet de John A. Macdonald, dans un article écrit à la demande de l'Institut du Dominion et paru dans *La Presse* le 23 novembre 2008[3]. Le premier Parlement canadien avait une délégation néo-écossaise dont tous les 18 membres, à une exception près, tenaient à quitter la Confédération. Beaucoup de gens au Nouveau-Brunswick restaient sceptiques, et Terre-Neuve refusait carrément de s'y joindre.

3. La lettre est toujours disponible sur le site *Journées Macdonald & Laurier*, un site web de l'Institut Historica Canada (organisme ayant résulté de la fusion de l'Institut du Dominion et de la Fondation Historica du Canada, survenue en 2009).

Brian Mulroney, « Sir John A. Macdonald selon le très hon. Brian Mulroney », *Journées Macdonald Laurier*, en ligne. www.macdonald-laurier.ca/fr/macdonald/macdonald-mulroney-letter

« Trente années après un effort sans succès d'établir une union, quatre millions de Canadiens se trouvaient éparpillés sur un territoire vaste et décousu », poursuit le « p'tit gars de Baie-Comeau ».

Le rêve de lier toutes les colonies britanniques avec son train, le Canadien Pacifique, n'a pas été d'emblée sur les rails. Dans l'Ouest, un autre « séparatiste » va lui donner du fil à retordre : le Métis Louis Riel.

Quant à la Colombie-Britannique, elle s'est finalement ralliée à la Confédération en 1871, et ce, après des négociations tendues qu'Alexander Morris, ministre du Revenu de l'administration Macdonald, décrit comme le combat le plus dur depuis la création du Canada[4].

Les habitants de Terre-Neuve ont été les plus récalcitrants. Ils ont dit non en 1869, redit non en 1896, puis encore en juin 1948, lors d'un référendum pour annexer l'île au continent. En juillet de la même année, on procède à un autre référendum. L'annexion se fait de justesse : à peine plus de 52 % des électeurs se sont prononcés en faveur de l'annexion. Résultats suspects pour plusieurs. Dans son livre *Don't Tell The Newfoundlanders: The True Story Of Newfoundland's Confederation With Canada*, paru en 2012, Greg Malone raconte comment Winston Churchill, Franklin D. Roosevelt et Joseph Smallwood (alors premier ministre de Terre-Neuve) ont manœuvré au plus grand mépris de la démocratie pour

4. Donald Creighton, *John A. Macdonald: The Old Chieftain*, Toronto, Macmillan of Canada, 1955, p. 105-106.

que ce lieu stratégique sur le plan militaire rejoigne le Canada. Le livre est devenu un véritable *best-seller* dans l'île, qu'on surnomme *The Rock*.

C'est dans l'histoire même de la création de la Confédération, à laquelle plusieurs provinces ont adhéré à leur corps défendant, que certaines des tensions cruciales derrière ces mouvances nationalistes prennent racine. Aujourd'hui, le sentiment de ne pas appartenir au Canada reste vif. D'ailleurs, lorsque les Terre-Neuviens vont sur le continent, ils disent toujours: «*I'm going to Canada.*» Comme s'ils n'y étaient pas déjà. De leur côté, révoltés par le règne sans partage des libéraux et le pouvoir des Québécois à Ottawa depuis plus de 40 ans, les *westerners* se sont mis à songer plus sérieusement à l'option souverainiste.

Depuis le début du XXIe siècle, des Canadiens anglais veulent redessiner les frontières du pays. Le sentiment de ne pas appartenir au Canada est assez fort pour qu'apparaissent… des partis politiques. La liste est longue: Separation Party of Alberta. Alberta Independence Party. Western Block Party. Western Independence Party of Saskatchewan. Western Independence Party. Western Canada Concept. Newfoundland And Labrador First Party. Cascadian National Party. C'est plus de partis séparatistes qu'il n'en a existé dans toute l'histoire du Québec…

Un sujet tabou

Chaque année, les Rencontres internationales du film documentaire de Montréal (RIDM) organisent des face-à-face entre producteurs et diffuseurs. Nous avons 15 minutes pour présenter un projet au directeur de la programmation documentaire des principales chaînes de télévision. À l'automne 2007, certaine que je tiens un bon sujet, je me présente devant le directeur de la programmation documentaire d'une grande chaîne de télévision du Canada anglais. L'homme a une véritable réaction de dégoût lorsque je lui montre mon synopsis.

— Je vous assure, ces gens existent pour vrai, lui dis-je. Ce n'est pas une blague.

— Je sais qu'ils existent, me répond-il sèchement. Je connais tout ça. Mais JAMAIS on ne fera un documentaire là-dessus chez nous !

Les réactions de ce genre sont nombreuses.

Heureusement pour nous, Jean-Pierre Laurendeau et Sylvie de Bellefeuille chez Astral (aujourd'hui Bell Média) ont trouvé le sujet pertinent. Cela nous permettra de diffuser le film à Canal D et de rejoindre le Québec et le Canada français. Avec cet appui en poche, on pouvait se mettre sérieusement au travail et partir à la rencontre de ces séparatistes canadiens.

Sur la route des États-Désunis

Vingt mille kilomètres de route, cent heures d'entrevues, deux cents rubans. Sur quatre années de tournage. Réaliser un film qui couvre un territoire aussi vaste que le Canada n'est pas de tout repos.

Aborder un sujet aussi largement ignoré non plus. Constat : peu d'intellectuels au pays s'intéressent suffisamment à ce phénomène considéré comme marginal pour y consacrer leurs recherches ; la question est même pratiquement tabou. Michael Wagner, historien et politologue d'Edmonton, a heureusement écrit *Alberta: Separatism Then and Now*, un historique rigoureux du mouvement indépendantiste de l'Alberta. Il faut remonter à 1986 pour trouver un autre livre sur le sujet : *The Patriot Game : National Dreams and Political Realities*, de Peter Brimelow, ouvrage plus pamphlétaire que scientifique.

On a quand même pu parler à quelques universitaires : Thomas (Tom) Flanagan, Barry Cooper (Université de Calgary), Shadia Drury (Université de Regina), Martin Geoffroy (Université de Moncton), Michael Temelini et Peter Boswell (Memorial University of Newfoundland), Faron Ellis (Lethbridge College), Michael Behiels (Université d'Ottawa), Roger Gibbins (Canada West Foundation, Calgary) et Gordon Gibson (Institut Fraser, Vancouver).

S'ajoutent près d'une dizaine d'entrevues avec des journalistes politiques du Canada : Matthew Stuart (*Western Standard*, Calgary) ; Archie McLean (*Edmonton Journal*) ; Link Byfield (*Calgary Sun*), Craig Jackson (*The Telegram*) ; Fred Jackson (*Cape Breton Post*) ; Murray Mandryk (*Leader-Post*) ; Paul Wells (*Maclean's*).

Cette recherche a naturellement conduit vers nos « têtes parlantes » les plus éloquentes, qui sont devenues les « personnages » de notre film. Encore fallait-il convaincre ces gens de parler DEVANT la caméra…

Surtout en Alberta. Le professeur de sciences politiques Barry Cooper nous avait signalé quelques séparatistes liés à l'industrie du pétrole. Mais ils se sont désistés peu avant de filmer l'entrevue. « Nous ne voulons pas être associés à d'autres séparatistes de l'Ouest qui pourraient ternir notre réputation. Mais je peux vous jurer que des forces s'organisent vraiment. Et si Stephen Harper devait être défait et remplacé par un libéral ou, pire, un néo-démocrate, je vous assure que nous serons prêts. Nous disposons de grandes ressources financières. »

Dans toutes les provinces, la plupart des personnes approchées ont d'abord été méfiantes. Par peur d'être associées à des bandes séparatistes rivales qui ridiculisent selon elles leur cause auprès d'un futur électorat. Par peur surtout de choquer leurs compatriotes, qui en ont pour la plupart tous soupé des *goddamn* séparatistes du Québec…

Le Québec *bashing*

D'ailleurs, si mon *chum* Éric et moi avons découvert, dans ce long périple, les différences culturelles des « nations » canadiennes-anglaises, force est de constater que les représentants que nous avons rencontrés affichent tous une passion commune : le Québec *bashing*, soit le dénigrement du Québec. Deuxième sport national ? Même si les Canadiens anglais sont les êtres les plus polis de la planète, tout le monde est d'accord pour casser du sucre sur le dos des Québécois.

Rire des Amérindiens ? Jamais !

Des Noirs? Franchement, on laisse le racisme aux barbares des États du Sud.

Se moquer des immigrants ? Au grand jamais.

Nous sommes les Canadiens de la Charte des droits et libertés. Notre *credo* ? La tolérance et la diversité.

Se moquer des Québécois? Tout le monde s'y met. *Fair game.* Universitaires, camionneurs, courtiers sur le parquet de Bay Street, chroniqueurs du *National Post*, à *Maclean's* et même dans le très sérieux et *politically correct Walrus.* Ce n'est pas juste le passe-temps favori des *rednecks* de l'Alberta. Il y a consensus. L'écrivain Douglas Coupland (celui à qui l'on doit *Génération X*) explique très bien le phénomène dans son ouvrage *Souvenir of Canada.* « Tous les animateurs de tribunes téléphoniques du pays le savent. Si les lignes sont mortes, vous n'avez qu'à lancer une question : *And what about Quebec?* »

En effet. Qu'en est-il du Québec? D'une province à l'autre, après chaque entrevue, je n'ai pu m'empêcher de lancer la question, en ajoutant : « Qu'est-ce que vous pensez, sincèrement, du Québec et des Québécois ? » Ça a donné des réponses et des moments qui ont fait beaucoup jaser dans les médias après la diffusion du film. Malgré tout, la plupart des rencontres ont été agréables, enrichissantes, éclairantes. Des liens d'amitié sont nés. Une seule rencontre s'est mal terminée. Avec un avocat très méprisant envers le Québec. Éric, alors à la caméra, s'est très fortement retenu de lui lancer son trépied par la tête… Je l'en remercie, parce que nous n'aurions sans doute pas eu les moyens de nous défendre !

On aura rencontré des séparatistes canadiens de toutes provenances, de toutes les classes de la société. Aux voix divergentes. Aux propos qui étonnent, enragent ou font rire ! Chose certaine, ces hommes et ces femmes que l'on entend rarement dans les médias auront exprimé un malaise général d'un océan à l'autre et nous auront fait réfléchir sur les questions fondamentales de ce pays.

Qu'est-ce qu'un pays ? Qu'est-ce qu'une nation ? Qu'est-ce qui lie cette courtepointe de provinces et de territoires de 9 984 670 kilomètres carrés ? Qu'est-ce qui rassemble les 35 427 524 habitants du nord de l'Amérique du Nord ? Quelles sont nos valeurs communes, outre l'amour du hockey, les beignes de Tim Hortons et la bière ?

Avec humour, sans partisannerie politique, nous avons voulu jeter un regard neutre sur l'identité canadienne en suivant des gens qui disent tout haut ce que plusieurs pensent tout bas. Écouter ces enfants terribles de la grande famille canadienne pour tenter de comprendre une fois pour toutes ce qui ne va pas dans le mariage de 1867.

Guylaine Maroist
Montréal, août 2014

Introduction

Un film qui brasse le Canadien !

Le film qui ne voulait pas vivre

Le documentaire *Les États-Désunis du Canada* n'aura pas été une mince affaire à réaliser. Il a fallu sept années de labeur, beaucoup de ténacité et une grande abnégation pour le terminer. Le seul montage a nécessité un an de travail. En plus de devoir vivre avec des budgets de misère, il a fallu composer avec des difficultés d'ordre politique. Plusieurs personnes approchées par Guylaine Maroist ne voulaient tout simplement pas s'exposer publiquement sur ce sujet. D'autres ont accepté de témoigner, mais ont changé d'idée à la dernière minute, ce qui aura désorganisé l'équipe, bien entendu.

« C'est un film qui ne voulait pas vivre ! » commente Éric Ruel en repensant aux embûches qu'il a fallu surmonter. Après avoir fait l'objet d'un financement de développement par les diffuseurs Canal D (réseau français) et Global (réseau anglais), l'argent pour la production ne suit pas. Qu'à cela ne tienne ! Contre les mauvais augures, les cinéastes écoutent leur instinct en espérant que le projet se débloquera lorsqu'on aura quelque chose à montrer. Le temps passe, et l'équipe des Productions de la ruelle cherche des diffuseurs nationaux anglophones prêts à s'engager. Nouvelle déception. Les gros joueurs canadiens sont réticents à adhérer à ce qui peut apparaître comme un pamphlet cinématographique menaçant l'unité du pays. Seul Canal D soutient les membres de l'équipe et les encourage à continuer.

Eh bien, ils le feront quand même, et la suite leur donnera raison. *Les États-Désunis du Canada* sera couronné par l'industrie du cinéma québécois comme le meilleur documentaire de l'année en 2013 dans la catégorie « société ». Il offre un micro à des Canadiens qui en sont venus à la conclusion que la meilleure solution pour leur province était de quitter la Confédération. Une opinion pas nécessairement marginale, mais certainement peu diffusée. On y rencontre, chez eux, des intellectuels comme Leon Craig, universitaire reconnu, farouche séparatiste, et des activistes comme Douglas Christie, avocat de Victoria qui est à l'origine de plusieurs initiatives souverainistes, dont des partis politiques aspirant à l'indépendance de l'Ouest. On voit aussi des fermiers et entrepreneurs qui exposent leurs arguments pour la sécession.

Le film est ponctué d'images magnifiques – signées Éric Ruel et Michel Barbeau – où se déploient les paysages canadiens dans toute leur splendeur. Il compte aussi une pointe d'ironie et quelques clins d'œil. Lorsqu'un commentateur qualifie le Québec d'État « socialiste », des images d'archives de la révolution russe se mélangent à celles d'assemblées de cuisine à Drummondville, et on intercale les harangues publiques de René Lévesque, Jacques Parizeau et... Joseph Staline. Aux danses cosaques répondent des sets carrés. Les Québécois sont qualifiés d'enfants gâtés par la Constitution canadienne ? On montre des bambins en larmes.

« Les réalisateurs [...] Guylaine Maroist, Michel Barbeau et Éric Ruel s'attaquent dans ce film au mythe d'un pays uni *coast to coast* et dont le seul enfant rebelle serait québécois, écrit Guillaume Bourgault-Côté dans *Le Devoir*[1]. Ce portrait – symbolisé par le grand *love-in* d'octobre 1995 – est un trompe-l'œil, indiquent les cinéastes. Car à divers degrés et pour diverses raisons, des Canadiens de l'Ouest et de l'Est entretiennent eux aussi un ressentiment contre le pouvoir central exercé à Ottawa. » Cela dit, le documentaire met également en lumière le fait que ces mouvances séparatistes « s'appuient surtout sur des considérations économiques. La séparation pour des raisons culturelles ou sociales, on laisse ça au Québec », écrit le journaliste.

Mario Roy, de *La Presse*, commente le « documentaire-choc » en éditorial quelques jours avant sa diffusion à la télévision québécoise[2]. « Le cours d'histoire canadienne 101 qu'il offre, aussi sommaire soit-il, constitue une explication

---

1. Guillaume Bourgault-Côté, « L'illusion canadienne ? », *Le Devoir*, 8 décembre 2012, p. 3.
2. Mario Roy, « Les séparatistes », *La Presse*, 7 décembre 2012, p. A25.

économique du pays qui ne manque pas de justesse. La grogne exprimée, tant par un universitaire albertain spécialiste de Platon que par un pêcheur terre-neuvien privé de poissons, n'est pas que le produit du ressentiment : la Confédération n'a pas toujours bien traité, en effet, l'Ouest et l'Est. »

Le film, poursuit l'éditorialiste, provoque une réflexion générale sur les associations économiques qui s'opposent aux mouvements sécessionnistes. Il rappelle qu'il existe 200 organisations séparatistes dans le monde, et que même l'Union européenne a ses « fissures » – c'est-à-dire ses éléments souverainistes. « Est-il possible d'unir sous un même chapeau politique des sociétés culturellement, socialement et économiquement différentes ? Est-ce que ces sociétés, en général consentantes à jouir des fruits d'une union, sont prêtes à en assumer également les contraintes ? Celle, par exemple, de la solidarité économique ? C'est difficile, nous ne le savons que trop bien. » Éditorial sibyllin, mi-chair, mi-poisson. Il invite tout de même les lecteurs à se forger leur propre opinion en regardant le film.

Il faut dire que, quelques jours avant la diffusion des *États-Désunis du Canada* au Canal D et sa projection en première québécoise au Cinéma du Parc, le 7 décembre 2012, Éric Ruel a lancé sur YouTube une bande-annonce de six minutes qui se répand sur Internet comme une traînée de poudre. En moins de 24 heures, 142 000 visionnements sont enregistrés, et plus de 1 200 commentaires affluent aux Productions de la ruelle. « J'ai interrompu la diffusion; nous ne pouvions pas gérer ça », confie le cinéaste.

Il faut dire que, dans la conclusion du long-métrage, les documentaristes exposent la thèse-choc voulant que la prise du pouvoir par les conservateurs de Stephen Harper, en 2011, ait permis de sauver le Canada en coupant court aux ambitions des mouvements sécessionnistes. L'Ouest est enfin au pouvoir, et les idées de la droite dominent : abolition du registre des armes à feu, augmentation du budget dévolu à la Défense nationale, renforcement des lois pénalisant les criminels... La bête séparatiste hors Québec est endormie. Même des gens comme Leon Craig ont enterré la hache de guerre. Ce croisé de l'Ouest n'a plus envie d'élever des frontières, car ses idées sont portées par le premier ministre canadien lui-même ! Y aurait-il eu une montée du séparatisme albertain si Harper n'avait pas accédé au pouvoir ? C'est ce que le documentaire semble avancer, une idée complètement nouvelle pour une vaste majorité de Québécois.

Le souverainisme n'est pas toujours là où on l'attend

Les États-Désunis du Canada aurait pu être un documentaire très différent. Dès 2005, Guylaine Maroist envisageait de faire un film sur la renaissance du mouvement souverainiste québécois, à la suite de la Commission d'enquête sur le programme de commandites et les activités publicitaires, présidée par le juge John Gomery. Elle vient de donner naissance à son fils, Jules, et la commission Gomery bat son plein. « Je passe beaucoup de temps devant la télévision et je vois défiler les Charles Guité, Jean Lafleur, Jean Brault impliqués dans le scandale des commandites. Ce qui se passe sous mes yeux est absolument révoltant. Des fraudes ont été commises à grande échelle pour, prétendument, sauver le Canada. Je crois, comme plusieurs observateurs, que le Québec vivra bientôt un grand renouveau nationaliste après la mise au jour de ces détournements de fonds dont ont profité les entreprises de communication du Québec. »

Elle entreprend sans plus tarder le tournage d'une chronique de l'indépendance du Québec. Elle réalise une entrevue avec le cinéaste et auteur Pierre Falardeau, l'un des plus radicaux défenseurs de l'option souverainiste, qui nous a quitté en septembre 2009. Elle capte des débats de café dans lesquels apparaissent de nouveaux visages comme le jeune Mathieu Bock-Côté. Mais ces images demeureront inédites, car l'opinion publique prend une tout autre direction. Inattendue. Au Québec, l'idée d'indépendance ne connaît pas l'envol que la documentariste anticipait. Au contraire, elle bat de l'aile. La commission Gomery est aussitôt oubliée après le dépôt du rapport qui porte son nom. Elle est perçue comme une tache dans le passé, rien de plus.

Le reste du Canada demeure blessé par cet épisode. « Le Canada anglais n'en est pas revenu encore, je crois. Il y a dans la commission Gomery une blessure qui témoigne du déséquilibre des forces. Encore une fois, le Canada anglais se sent désavantagé par rapport au système canadien. Après tout, ce sont les compagnies québécoises qui ont reçu la part du lion des commandites fédérales. »

Les Québécois mesurent mal l'impact de cette commission hors de leurs frontières. En plus d'être une illustration supplémentaire, particulièrement humiliante, de la mainmise idéologique et matérielle exercée par le Québec sur le reste du pays, elle met au jour des fraudeurs québécois qui se sont rempli les poches grâce à un réseau d'influence canadien. Au Canada anglais, on se moque des libéraux en les surnommant les *libranos*, en référence à la série télé sur la mafia *Les Sopranos*. L'énorme ras-le-bol envers la « société distincte » et ses tractations douteuses avec Ottawa s'amplifie encore.

Des sociétés distinctes

« Le Canada anglais doit comprendre de façon très claire que, quoi qu'on dise et quoi qu'on fasse, le Québec est, aujourd'hui et pour toujours, une société distincte, libre et capable d'assumer son destin et son développement. »

Le premier ministre du Québec, Robert Bourassa, prononce ces paroles le 22 juin 1990, veille de l'échéance de l'approbation de l'accord du lac Meech par le Parlement canadien. Les jeux sont faits. Cet accord devait permettre le retour du Québec à l'intérieur de la grande famille canadienne, « dans l'honneur et l'enthousiasme », comme l'avait alors dit son principal architecte, le premier ministre du Canada, Brian Mulroney. Il ne sera pas adopté ; il est bel et bien mort.

Le vrai nom de l'accord du lac Meech est « l'Entente constitutionnelle de 1987 ». Ce projet politique visant à modifier la Constitution canadienne aura occupé les élus de l'Atlantique au Pacifique, de 1987 à 1990. Toute réforme constitutionnelle, rappelle la loi fondamentale du pays, doit être entérinée unanimement, dans un délai de 3 ans, par les 11 gouvernements canadiens (10 provinces en plus du gouvernement fédéral). Huit provinces l'ont soumise à leur chambre et ont obtenu l'approbation ; deux (Terre-Neuve et le Manitoba) se heurteront à une opposition suffisante pour faire échouer le projet.

Que dit cet accord ? Que la Constitution canadienne sera amendée en vertu de cinq points principaux. Celui qui cause le plus de malaises dans le Canada anglais est « la reconnaissance du Québec comme société distincte ». Un autre dit que les trois juges québécois de la Cour suprême du Canada doivent être nommés par le gouvernement fédéral sur proposition du gouvernement du Québec[3]. Les autres éléments touchent des points de droit moins médiatisés, mais qui feront l'objet d'âpres discussions[4].

---

3. Cet élément a refait surface le 3 octobre 2013, quand le cabinet du premier ministre Harper a recommandé au Gouverneur général la nomination à la Cour suprême d'un juge « québécois » qui est en réalité domicilié en Ontario et qui n'a jamais siégé à la Cour du Québec, Marc Nadon. Sa nomination sera rejetée par la Cour suprême elle-même, à six contre un, le 21 mars 2014. Le juge Nadon n'aura donc jamais siégé au plus haut tribunal du pays.
4. Les autres points de l'accord veulent que le Québec et les autres provinces disposent d'un droit de *veto* à l'égard de certains amendements importants à la Constitution. On demande aussi un droit de retrait d'une province, avec compensation, de tout programme mis en place par le gouvernement fédéral dans un domaine de compétence provinciale. On exige enfin une reconnaissance accrue des pouvoirs provinciaux en immigration.

Le Québec est-il une société distincte ? Pour certains, cela ne fait aucun doute en vertu de la langue française, majoritaire et parlée dans toute la province, un cas unique en Amérique du Nord, et de son système de droit inspiré du Code civil français. De plus, le Québec perçoit une partie de l'impôt sur le revenu des particuliers et possède ses forces policières nationales (la Sûreté du Québec), des éléments qui en font une administration unique au sein du Canada.

D'où vient ce désir obsessionnel d'être désigné comme « distinct » dans la Confédération ? Principalement d'un document du Parti libéral du Québec rédigé sous la direction de Claude Ryan, daté de janvier 1980 et intitulé *Une nouvelle fédération canadienne*. Dans ce document, lui-même inspiré d'un thème central d'un groupe de travail sur l'unité canadienne en 1979, on pouvait lire la prémisse suivante : « Le Québec forme à l'intérieur de l'ensemble fédéral canadien une société distincte par la langue, la culture, les institutions et le mode de vie. [...] Au sein de la famille politique canadienne, la société québécoise possède tous les attributs d'une communauté nationale distincte[5]. »

Avec cette reconnaissance se rattacheraient des pouvoirs supplémentaires. Du moins l'espérait-on. « Le Québec est différent et devrait détenir les pouvoirs nécessaires à la préservation et au développement de son caractère

5. Commission constitutionnelle du Parti libéral du Québec, *Une nouvelle fédération canadienne*, janvier 1980, p. 13.

distinct au sein d'un Canada viable. Toute solution politique qui ne répondrait pas à cette attente signifierait l'éclatement du Canada[6] », pouvait-on lire de la main même de partisans du fédéralisme dans le rapport de la Commission de l'unité canadienne…

Les auteurs du rapport – John Robarts, ancien premier ministre ontarien, et Jean-Luc Pépin, ancien ministre fédéral – avaient imaginé deux moyens d'octroyer ces pouvoirs supplémentaires. « Le premier consistait à donner au Québec, et au Québec seulement, les pouvoirs officiels de légiférer en matière de culture, de langue, d'immigration, de politique sociale, de communication et de certains aspects des affaires étrangères. La deuxième approche, celle favorisée par les membres de la commission, consistait à donner les pouvoirs demandés par le Québec à toutes les provinces : les provinces pourraient alors choisir d'exercer ces pouvoirs ou de les redonner à Ottawa », comme l'écrit Brian O'Neal dans un texte de la Bibliothèque du Parlement sur le concept de société distincte[7].

Les pouvoirs en question ne devaient donc pas être limités au Québec, mais offerts à chacune des provinces, de façon à assurer un traitement équitable.

---

6. La Commission de l'unité canadienne, *Se retrouver : Observations et Recommandations*, janvier 1979, p. 92.
7. Brian O'Neal, *La société distincte : Origine, interprétations et implications*, Bibliothèque du Parlement, Division des affaires politiques et sociales, décembre 1995.

Comme on le voit, le concept de société distincte demeure source de confusion et d'ambiguïté. De plus, il ne signifie pas tout à fait la même chose dans les deux langues officielles. En français, « distinct » est presque un synonyme de « différent ». Sans être neutre, le mot n'évoque pas de notion de supériorité. Le *Larousse* définit ce mot ainsi : « Qui ne se confond pas avec quelque chose ou quelqu'un d'analogue, de voisin. » Il donne – amusant hasard – les exemples suivants : « Problèmes distincts. Deux peuples bien distincts. » Il en va autrement dans la langue de Shakespeare, où le mot « distinct » peut vouloir dire *distinguishable,* soit « se distinguer de », mais aussi avoir une connotation qualitative. Le *Webster* évoque *noticeably different* ; *strong and definite*[8]. La forme archaïque, précise le dictionnaire de référence, signifie : *notably decorated,* soit « décoré notablement ou en particulier ».

Bref, il est possible que la « société distincte » ait été perçue de part et d'autre de la barrière linguistique de façon un peu différente… Pour le Québec, cette reconnaissance constitutionnelle ne signifiait pas nécessairement une supériorité sur les autres provinces. Pour les autres provinces, accepter le caractère *distinct* du Québec pouvait sous-entendre que celui-ci aurait quelque chose de plus.

Le besoin d'être reconnu

La prise du pouvoir par le Parti québécois (PQ) en 1976 et la tenue d'un référendum sur la souveraineté-association,

---

8. Webster en ligne, www.merriam-webster.com/dictionary/distinct.

en 1980, ont forcé le gouvernement central à redéfinir la place du Québec dans la Confédération canadienne. Même si la réponse à la question de 1980 au projet indépendantiste a été un non sans ambiguïté – 60 % des gens qui ont voté ont coché cette case –, la population de la société distincte, majoritairement d'expression française, exprime un malaise quant à sa position dans un pays alors formé de 10 provinces et 2 territoires, très majoritairement anglophones. La preuve : après avoir rejeté le « mandat de négocier la souveraineté-association », sollicité par le gouvernement péquiste, les électeurs réélisent en avril 1981 le Parti québécois, dont le premier objectif est de réaliser la souveraineté du Québec ! Et la faveur populaire est claire : près d'un électeur sur deux, cette année-là, confie son vote au parti de René Lévesque, ce qui constitue un record historique pour la formation. Le PQ remporte 80 des 122 circonscriptions.

Le malaise s'amplifie d'un cran lorsque le premier ministre canadien, Pierre Elliott Trudeau, rapatrie la Constitution en 1982 et signe le document en présence de la reine d'Angleterre. Le Québec n'est pas de la fête. Au cours d'une soirée surnommée la « nuit des longs couteaux[9] », le 4 novembre 1981, le premier ministre Trudeau autorise la réforme constitutionnelle entérinée par 9 des 10 provinces. Le premier ministre québécois, René Lévesque, est ignoré à la conclusion de cette entente.

9. Au Canada anglais, la nuit des longs couteaux est appelée *kitchen meeting* (réunion de cuisine), en référence aux négociations qui ont eu lieu en coulisses… dans les cuisines du Château Laurier.

Il dort dans un hôtel de l'autre côté de la rivière des Outaouais. Pour l'élite politique québécoise, un sentiment d'injustice, voire de trahison, s'installe.

Après cet affront, la population québécoise est loin d'être rassurée sur son identité canadienne. Comment faire partie intégrante d'un pays qui a escamoté ses représentants au moment de s'affranchir de ses racines coloniales ? Les Québécois sont-ils des Canadiens comme les autres ? Personne ne semble vouloir répondre clairement à cette question.

Personne, sauf un chef du Parti progressiste-conservateur qui se promet de réintégrer la province dans la Confédération. Il faut attendre trois ans après l'arrivée au pouvoir de Brian Mulroney pour qu'apparaisse un vrai projet de réforme constitutionnelle. Il veut donner une réponse unificatrice, définitive, au problème québécois. En fait, un raisonnement pragmatique l'anime : il veut éviter l'éclatement du pays.

Brian Mulroney se présente donc comme le principal acteur de ce chapitre important de l'histoire politique canadienne. Originaire d'une famille anglophone modeste de Baie-Comeau, sur la Côte-Nord du Québec presque entièrement francophone, l'avocat et homme d'affaires est un des politiciens les plus étonnants qu'ait produits ce pays. Élu chef de son parti le 11 juin 1983, l'ancien avocat prête serment et devient premier ministre du Canada le 17 septembre 1984. Il demeure en poste jusqu'au 24 juin 1993. Mulroney se dit très fier de ses racines irlandaises. Parfaitement bilingue, catholique de par ses ancêtres, il incarne les multiples visages du Canada.

Il entame des études de droit à l'Université Dalhousie, à Halifax, et les termine à l'Université Laval de Québec. Son identité purement canadienne ne l'empêchera pas de se poser en arbitre sur des enjeux touchant la politique internationale. Il jouera un rôle majeur dans l'abolition de l'apartheid en Afrique du Sud, notamment[10].

Sensible à l'exclusion du Québec de la Constitution canadienne, Mulroney fera de ce sujet son cheval de bataille en matière de politique intérieure, risquant le tout pour le tout à un moment où plusieurs le voient dans les plus hautes fonctions diplomatiques internationales. Il convoque d'abord tous les premiers ministres provinciaux dans une auberge au bord du lac Meech, dans le parc de la Gatineau, en 1987. Bien que les discussions soient mouvementées, on en vient à un consensus sur des éléments capitaux. C'est là que sont décidées les cinq conditions, dont la fameuse société distincte.

Les autres provinces canadiennes sont-elles moins distinctes que le Québec ? Pas dans l'esprit des Terre-Neuviens, des Albertains, des Britanno-Colombiens, des Ontariens ou des autres. Ce que les Québécois appellent « le *ROC* » (*Rest of Canada*) est une simplification abusive qui irrite les Canadiens anglais au plus haut point. Le

---

10. Guy Gendron, *Brian Mulroney, L'homme des beaux risques*, Montréal, Québec Amérique, 2014.

Canada d'un océan à l'autre est une mosaïque de cultures et d'identités.

La plupart des Québécois ignorent qui sont Alice Munro (Ontarienne, prix Nobel de littérature 2013), Terry Fox (Manitobain, athlète) ou Peter Mansbridge (Ontarien né à Londres, chef d'antenne à CBC). Qui, au Québec, peut nommer le premier ministre de la Colombie-Britannique ? Un seul chanteur rock particulièrement à la mode venant du Canada anglais ?

Aux yeux de bien des Québécois politisés, l'accord du lac Meech représente la « dernière chance » pour le Canada, l'ultime balise d'un long chemin constitutionnel. En 1759, la conquête prépare la signature du traité de Paris (1763) : on impose le droit britannique (*Common Law*) et la langue anglaise. La Nouvelle-France devient *The Province Of Quebec*. L'acte de Québec, en 1774, restaure un certain fait français puisque le Code civil est intégré dans le système politique. Pendant la rébellion des Patriotes, en 1837, les activistes réclament un gouvernement responsable. Le Canada moderne voit le jour en 1867. Par la suite, le Québec hérite de certains droits dans l'acte de l'Amérique du Nord britannique. Mais ce ne sera pas suffisant. Le Québec obtiendra sous Maurice Duplessis le droit de récolter ses impôts sur le revenu des particuliers. Puis il aura son mot à dire sur le choix des candidats à l'immigration. Même les plus fédéralistes des chefs de partis provinciaux tenteront de gagner des points dans l'équilibre des pouvoirs.

Perçu par plusieurs comme un aboutissement, l'accord du lac Meech est la reconnaissance constitutionnelle de la différence québécoise. On trouve, parmi les acteurs secondaires auprès de Mulroney, un brillant avocat originaire du Lac-Saint-Jean et qui croit beaucoup à cette initiative visant à réintégrer le Québec dans la Confédération canadienne : Lucien Bouchard. Ami de Mulroney, qu'il a côtoyé à la faculté de droit de l'Université Laval, Lucien Bouchard a voté pour la souveraineté-association au référendum de 1980, ce qui ne l'empêche pas d'être nommé ambassadeur du Canada en France par le gouvernement Mulroney. En 1988, il revient au pays et intègre le gouvernement canadien à titre de secrétaire d'État, puis de ministre de l'Environnement en 1989. Il appuie sans réserve l'initiative du premier ministre canadien consistant à réintégrer le Québec dans la Constitution et contribue à la promotion de l'approbation des modifications constitutionnelles de 1987.

La perspective de l'échec de l'accord, en 1990, marque un véritable choc pour Lucien Bouchard qui rompt du jour au lendemain sa relation avec Mulroney. Avec des transfuges du Parti progressiste-conservateur et du Parti libéral du Canada, il fonde le Bloc québécois le 15 juin 1991. Le parti souverainiste fédéral aura un succès immédiat, récoltant suffisamment de sièges, au Québec, pour former l'opposition officielle à l'élection du 25 octobre 1993. Pas moins de 54 des 75 circonscriptions du Québec sont remportées par un candidat du Bloc. Seul le Parti libéral, avec Jean Chrétien à sa tête, obtiendra plus de sièges. Le Parti progressiste-conservateur, porté par Kim

Campbell, subit la pire défaite de son histoire. Les libéraux de Jean Chrétien forment le gouvernement avec une forte majorité.

Le Bloc Québécois n'est âgé que de trois ans. Pour la première fois, Stornoway (résidence fournie par l'État canadien au chef de l'opposition officielle) accueille un séparatiste. Lucien Bouchard y emménage avec sa famille. Cette situation paraît aberrante pour une partie de la population canadienne qui accepte mal qu'un parti sécessionniste soit le deuxième plus populaire de tout le Canada. Le Bloc s'est donné pour mission de réaliser la souveraineté du Québec. La première étape était d'amener un nombre suffisant de députés au Parlement canadien ; c'est chose faite. Le Bloc devait être une formation temporaire, présente au Parlement canadien afin de défendre directement les intérêts du Québec.

Mais le tout nouveau Reform Party (ou Parti réformiste du Canada), fondé en 1987 dans l'Ouest canadien, cause une autre surprise cette année-là. L'élection de 1993 marque la véritable naissance de cette formation, récoltant la victoire dans 52 circonscriptions. Jusque-là, le Reform Party n'avait connu qu'une seule victoire, qui plus est dans une élection partielle. En Alberta, c'est un balayage historique puisque seulement quatre circonscriptions lui échappent. Les résultats sont aussi très forts en Colombie-Britannique. Au Québec, le parti récolte des votes, mais ne fait aucun gain. Le chef de la formation, Preston Manning, ne parle pas français, ce qui explique en partie sa faible popularité au Québec.

Manning est parmi les plus farouches opposants à l'accord du lac Meech. Il torpille ensuite l'accord de Charlottetown, sorte de version remaniée de Meech, qui connaît le même destin, puisque cette nouvelle entente non plus ne verra jamais son abrogation. L'homme sabordera son propre parti, après l'avoir fusionné avec d'autres formations de droite, et ne survivra pas à la première course au leadership, se faisant ravir la place par Stockwell Day en 2000. Sorte d'étoile filante de la politique canadienne, celui-ci deviendra chef de l'Alliance canadienne, puis sera évincé par Stephen Harper. Le nouveau premier ministre, élu sous la bannière du Parti conservateur (fusion de l'Alliance canadienne avec le Parti progressiste-conservateur), lui donnera en 2006 le ministère de la Sécurité publique; Day disparaîtra des radars en ne se présentant pas aux élections de 2011.

D'autres têtes d'affiche s'opposent publiquement à l'accord du lac Meech pendant les trois années qui s'écoulent entre la présentation officielle du projet de loi et l'échéance pour l'entériner. Le plus virulent est certainement Pierre Elliott Trudeau, celui-là même qui a consenti à un changement constitutionnel sans l'approbation du Québec lorsqu'il était à la tête de l'État. Pour Trudeau, l'entente projetée entre les provinces et le gouvernement fédéral est une « erreur fondamentale ». À ses yeux, le premier ministre Mulroney est un « pleutre » qui a plié devant le Québec. L'ancien chef du Parti libéral du Canada n'est pas apparu publiquement depuis trois ans quand il écrit une lettre incendiaire dans *La Presse*, le 27 mai 1987. Il prétend que personne n'a présenté de critiques assez valables à l'accord, ce qui l'a poussé à sortir de son silence. Dans un entretien pour la télévision de Radio-Canada avec la journaliste Madeleine Poulin, qui semble vivre à cet instant le moment le plus éprouvant de sa carrière, Trudeau apparaît comme un homme acariâtre et hautain, qui fait subir sa mauvaise humeur à la journaliste. Le style, c'est l'homme. Il expose sa frustration de voir le gouvernement fédéral céder sur un caprice d'une province. Pourquoi donner au Québec un statut constitutionnel différent des autres ? Pour défendre une province, il suffit d'aller se faire élire à Ottawa et de prendre fait et cause pour sa région, et non exiger des accommodements constitutionnels, dit-il en substance. Il affirme que le caractère distinct d'une province est en contradiction avec sa vision multiculturelle et bilingue du pays. À ses yeux, il est absolument injustifié d'accorder un statut particulier à une province, à moins de l'accorder à toutes les provinces.

Les derniers jours de 1990 seront vécus comme un véritable drame par les gens qui y voyaient la clé de l'unification du pays. Dans une entrevue à Guy Gendron, à Radio-Canada, Brian Mulroney affirme que cet échec aura été la pire déception de sa carrière, et même de sa vie. On le sent encore ému d'avoir échoué dans ce grand projet, 23 ans plus tard.

Il faut comprendre que l'accord doit être entériné avant une date fixe, sans quoi tout tombe à l'eau. Pour respecter l'échéance, les chambres législatives doivent se prononcer positivement avant le 23 juin 1990. *L'Encyclopédie canadienne* relate l'événement: « Au Manitoba, même si tous les partis ont enfin consenti à l'accord, il faut tenir des audiences publiques, à moins de dispense par consentement unanime de l'Assemblée législative. Or, un député manitobain, Elijah Harper, refuse d'accorder son consentement. »

En réalité, le député autochtone utilise une stratégie d'obstruction. Il ne s'oppose pas aux éléments consentis au Québec, mais réprouve le fait que l'accord n'apporte rien aux Premières Nations. L'accord n'est donc pas mis aux voix dans la province.

Mais le coup de grâce porté à l'accord du lac Meech viendra de l'est du pays. Le premier ministre de Terre-Neuve, Clyde Wells, s'oppose fermement à cette entente qui privilégie injustement le Québec, selon lui. Il annonce, dès son entrée au pouvoir en 1989, qu'il retire l'approbation de la province, consentie par son prédécesseur. Wells, un ancien avocat, se rendra à une réunion de la dernière chance, au Musée de la civilisation de Gatineau, pour répondre à l'invitation du premier ministre fédéral. Il apposera même sa signature au bas d'une entente de principe qui réaffirme le soutien de sa province. Mais quelques semaines plus tard, il renonce à faire tenir un vote sur le sujet. Le débat est clos. Le premier ministre Mulroney doit annoncer la fin de son projet dans un discours à la nation.

Clyde Wells, officiellement le fossoyeur de l'accord du lac Meech, incarne bien le Terre-Neuvien moyen, hostile au statut particulier d'une province au sein de la Confédération canadienne. Terre-Neuve, à son avis, est également une société distincte, ni plus ni moins que le Québec. Son opinion est largement partagée par la population.

C'est à Terre-Neuve-et-Labrador, justement, que s'entame notre tournée des mouvements séparatistes hors du Québec.

PREMIÈRE PARTIE

L'EST

La république de Terre-Neuve

« Terre-Neuve est une île séparée du continent par l'Atlantique.
La capitale, St. John's, est à 2600 kilomètres d'Ottawa.
Les Terre-Neuviens sont déjà séparés.
Mais il y en a qui veulent se séparer encore plus. »

Narration du documentaire *Les États-Désunis du Canada*

Republic of Newfoundland. Ce sont les mots inscrits sur la plaque décorative à l'avant d'une voiture sport qui s'avance vers l'équipe de tournage, au beau milieu d'un terrain de stationnement d'un hôtel de St. John's, capitale de Terre-Neuve-et-Labrador. Le séjour des Québécois vient de commencer ; ils ont tout juste eu le temps de déposer leurs bagages au Battery Hotel, dans Signal Hill Road, et de se rendre à leur première interview que cette voiture apparaît, bousculant leur horaire.

La plaque porte les couleurs du *Newfoundland Native Flag*, qui, faute d'être le drapeau officiel de la province, est très populaire auprès des Terre-Neuviens. Composé de bandes verticales verte, blanche et rose (cette dernière couleur, plutôt rare sur un drapeau, rappelait l'emblème floral de l'Angleterre), il a commencé a être utilisé plus d'un siècle avant qu'un drapeau provincial ne soit adopté, et symboliserait la cohabitation pacifique des catholiques (irlandais) et des protestants (anglais) sur l'île. L'homme qui sort de la voiture est un trentenaire bien charpenté avec un tatouage à l'avant-bras. Il porte un t-shirt rouge, des verres fumés, une casquette à l'envers.

Ainsi fait-on la connaissance de Shannon Harris. Cette apparition est presque miraculeuse dans les circonstances. Depuis des semaines, dans les quartiers généraux des Productions de la ruelle, à Rosemont, l'équipe essaie de convaincre des militants, intellectuels et activistes de toutes allégeances d'accepter des invitations à parler ouvertement de séparatisme à la caméra. Certains refusent ou acceptent avec réticence; d'autres ne se présenteront tout simplement pas au rendez-vous. Et soudainement, une personne tombée du ciel accepte en souriant de parler de ses opinions politiques nationalistes. « Je ne pouvais pas laisser passer une telle occasion », se souvient la réalisatrice. Avant de quitter Montréal, elle a tenté de meubler le mieux possible son emploi du temps. Mais un entretien sur le vif a un caractère spontané qui sied à merveille au documentaire. Un appel est lancé pour reporter le rendez-vous suivant. Un formulaire de consentement est présenté à l'invité-surprise, et la caméra et les micros sont ajustés. Ça tourne !

— Qu'est-ce que cela signifie? demande Guylaine Maroist au chauffeur en montrant la plaque.

Le jeune homme semble ravi de saisir l'occasion de s'exprimer sur le sujet. Il explique qu'il est séparatiste, fier de l'être.

— Terre-Neuve a déjà été un pays. C'était un pays complètement autonome et ça devrait l'être encore. La plaque est un symbole pour inciter les gens à s'en souvenir, dit-il.

— Pensez-vous que Terre-Neuve serait en meilleure posture si la province se séparait ?

— Oh ! à 150 % ! Oui. Si Terre-Neuve était libre, nous aurions assez de ressources naturelles pour nous occuper de notre économie pendant des années. Et il y a ici plus de ressources naturelles que dans n'importe quelle autre province canadienne.

— Combien de gens de votre entourage pensent comme vous ?

— La majorité d'entre eux.

— La majorité sont séparatistes ?

— Oui, la majorité partage ma vision des choses, même si, pour certains, ce n'est qu'une idée bien cachée, un instinct.

— Sans cette indépendance, quel est l'avenir de la province ?

— Aucun. Nous n'avons aucun avenir. Vous savez, nous payons nos taxes au Canada, et le gouvernement continue d'accumuler les déficits. Pourtant, nous sommes probablement la province la plus prospère de tout le pays après l'Alberta. Mais dès qu'elles sortent de terre, nos ressources naturelles sont prises et vendues aux Américains ou à d'autres. Nous ne voyons pas la couleur des profits dont nous pourrions bénéficier.

L'intervieweuse interviewée

Revenons deux jours plus tôt. Lorsque Guylaine Maroist débarque de l'avion qui la conduit de Montréal à St. John's, le 13 août 2010, elle constate que le voyant de son téléphone clignote. Elle a trois messages vocaux. L'un provient d'un journaliste de la salle des nouvelles de la télévision, et les deux autres de reporters de stations de radio. On l'invite à rappeler rapidement. Comment peut-on s'intéresser à elle avec tant d'empressement ? Il est vrai qu'elle prépare une série d'entrevues avec des représentants politiques terre-neuviens, mais la petite équipe de tournage des Productions de la ruelle (constituée d'elle et de son mari, d'un preneur de son et d'un caméraman) ne s'attend pas à émouvoir les chefs de pupitre.

Alors qu'elle répond à ces demandes, elle doit se rendre à l'évidence : sa présence dans la province la plus orientale du pays suscite un réel intérêt médiatique. « Je n'avais même pas quitté l'aéroport que je discutais avec un journaliste de la station locale de Radio-Canada de mon projet de documentaire », relate-t-elle. Son interlocuteur veut savoir pourquoi une équipe du Québec peut s'intéresser aux mouvements séparatistes… Les Québécois sont perçus comme les plus nombrilistes des Canadiens ; ce n'est pas d'eux qu'on attend la moindre sollicitude. Il y a là une aberration qui intrigue.

Le lendemain soir, elle précise sa pensée sur le plateau du bulletin d'information télévisé *NTV Evening News*, à l'heure de grande écoute. Le journaliste Fred Hutton lui fait face. « Nous voulons découvrir les motivations des Terre-Neuviens qui souhaitent l'indépendance de leur province, explique-t-elle au journaliste dans un excellent anglais. Pourquoi est-ce une option raisonnable ? Quelle est leur identité canadienne et à quel point le fédéralisme leur tient-il à cœur ? » L'entrevue dure une dizaine de minutes. « Pendant les jours suivants, les gens me reconnaissent dans la rue grâce à cette interview. Je suis la curiosité de la semaine. Ils disent, lorsque je les approche : "Oui, vous êtes la Québécoise de passage qui fait un film sur nous." »

Au cours des deux derniers mois, elle a préparé les entrevues qu'elle entend mener sur place, et elle mesure l'ampleur de la tâche. Des centaines de coups de fil et de courriels ont été nécessaires pour maximiser le séjour d'une semaine. Le tournage exige beaucoup de planification. Pour cette habituée des reportages, la meilleure façon d'entrer en contact avec les gens du milieu est de s'associer à des guides-réseauteurs, appelés « *fixers* », soit des personnes bien informées qui peuvent la diriger vers les bonnes pistes.

Sa guide numéro un, c'est la journaliste Pamela Pardy-Ghent. Dynamique, touche-à-tout, elle travaille au *Newfoundland Herald* et à la radio locale où elle réalise des reportages à caractère culturel et social. Elle connaît bien la société terre-neuvienne et n'a aucun mal à orienter

Guylaine vers des intervenants pertinents. Professeur de sciences politiques à la Memorial University de Terre-Neuve, Michael Temelini (passé, depuis, à l'Université Concordia de Montréal) est un autre de ses informateurs. Enfin, le journaliste Paul Wells, qui jouit d'une excellente réputation de reporter politique sur la Colline parlementaire, à Ottawa, aura servi à préparer sa venue sur l'île. C'est lui qui suggère d'explorer les cafés et boîtes à chansons à la recherche d'intervenants capables de bien exprimer le nationalisme. Les trois informateurs lui donnent un bon aperçu de la réalité politique et historique de la région.

Paul Wells, en particulier, se montre intéressé par le projet de documentaire de son amie depuis qu'elle l'en a informé en 2007, durant un repas dans le quartier chinois de Montréal. Lui et Guylaine se côtoient depuis le milieu des années 1990, alors qu'il couvre le jazz pour le quotidien montréalais anglophone *The Gazette*. Pigiste au *Devoir* pour les pages culturelles, Guylaine fréquente les mêmes boîtes. Ils échangent sur la musique… et la politique. Devenu journaliste au *National Post* avant de passer à *Maclean's*, Paul Wells connaît bien les secrets de la politique canadienne. Lorsque Guylaine exprime son étonnement de découvrir un mouvement séparatiste à Terre-Neuve, il lui répond que c'est un fait depuis longtemps. «Si tu vas dans un pub à St. John's, après quelques bières, les artistes et les poètes de la place vont te parler de l'indépendance de la province, explique-t-il. L'indépendance de Terre-Neuve est une vieille idée, toujours présente dans la tête des Terre-Neuviens. En fait, plusieurs n'ont toujours pas digéré leur intégration à la Confédération, dans des circonstances nébuleuses, il y a plus d'un demi-siècle... »

Guylaine avait quitté son ami plus intriguée que jamais. Surtout que la littérature sur le sujet était – et demeure – quasi inexistante.

L'île mystérieuse

Dernière province à se joindre à la Confédération, dans des conditions hostiles, en 1949, Terre-Neuve-et-Labrador compte aujourd'hui un demi-million d'habitants, soit 1,5 % de la population canadienne. L'île, d'une superficie de 115 000 kilomètres carrés, a accueilli des Vikings à la fin du premier millénaire de notre ère. Puis les Inuits et les Béothuks ont occupé plusieurs sites côtiers. Administrativement, le gouvernement de St. John's inclut le territoire continental du Labrador, encore plus grand que l'île – l'équivalent de l'Italie –, mais moins peuplé, avec une densité de 0,1 citoyen pour un kilomètre carré[1]. C'est à Cupers Cove (aujourd'hui Cupids) que sera fondée, il y a plus de cinq siècles, la première colonie anglaise permanente du nord du continent. Mais l'occupation du territoire est antérieure à cette date, car les Basques venaient déjà y pêcher.

---

1. Un conflit frontalier avec la province francophone subsiste depuis 1922, alors que le Conseil privé de Londres a accordé au Labrador un territoire retranché du Québec.

Ville portuaire jadis prospère, St. John's a perdu de son lustre depuis que la pêche à la morue périclite. Le port occupe encore la plus grande partie de l'esplanade, mais les navires qui y sont accostés sont peu nombreux; certains sont couverts de rouille ou de peinture écaillée. Dans les rues, de nombreuses maisons ont des façades aux couleurs pastel: rose, vert, bleu, jaune. Le blanc est également très populaire, comme si on voulait afficher une bonne humeur qui contredirait l'air du temps.

Au premier voyage de l'équipe dans la capitale, St. John's apparaît aux yeux de chacun comme une magnifique ville côtière. Pour le cinéaste Éric Ruel, à pied d'œuvre depuis la descente de l'avion, le défi est de bien rendre à la caméra les paysages rocailleux des côtes qui longent la mer. Il n'aura besoin que de quelques heures d'immersion avant de se laisser émouvoir par la beauté brute de la plus vaste des Provinces maritimes, avec ses innombrables lacs et rivières. Éric est particulièrement sensible aux silhouettes des caps rocheux. Rien ne semble pousser le long des côtes rongées par la mer, où l'hiver ne s'estompe que le temps de céder la place aux tempêtes de vent. Pour l'homme d'images, il y a de beaux plans à cueillir, mariant l'activité humaine au ralenti et la nature frugale. Son directeur photo pour le tournage à Terre-Neuve, Alberto Feio, est lui aussi ravi par la beauté du site. Fort de ses 40 ans de carrière sur plusieurs continents – il a réalisé des reportages sur les guerres, les manifestations, les soulèvements sociaux… et la vie quotidienne –, ce lauréat de plusieurs prix a un sens de l'esthétique unique. Il a une approche personnelle hors du commun pour rendre le réalisme des personnages qui se succèdent devant sa lentille.

Pour l'équipe, la rencontre avec les Terre-Neuviens est particulièrement chaleureuse. Il y a ici une culture différente de ce qu'on croyait connaître de l'Est – Terre-Neuve déteste qu'on la considère comme une des Provinces maritimes – et un dynamisme peu comparable. Séduits par les sympathiques insulaires, Guylaine et ses hommes se délectent des poissons panés de Ches's Famous Fish & Chips, servis dans du papier journal avec des frites. On ne pensait pas que la morue fraîche des Terre-Neuviens pouvait avoir si bon goût.

The Republic

C'est au bar The Republic, dans le quartier portuaire de St. John's, que les documentaristes se laissent imprégner de la culture locale. Au moment de commander la bière, un duo de musiciens chante une chanson aux airs traditionnels, dont le propos est résolument nationaliste :

Je suis un Terre-Neuvien et le serai jusqu'à ma mort.	*I'm a Newfoundlander born and bred and I'll be one till I die.*
Je suis fier de vivre sur mon île et voici pourquoi :	*I'm proud to be an Islander and here's the reason why.*
Je suis libre comme le vent et les vagues sur la côte !	*I'm free as the wind and the waves that wash the sand.*
Il n'y a aucun endroit où je préférerais vivre qu'ici à Terre-Neuve.	*There's no place I would rather be than here in Newfoundland.*

[...]	[...]
Les francophones à Montréal disent que le Labrador est à eux...	*In Montreal the Frenchmen say that they own Labrador.*
Incluant Indian Harbour où mon père pêchait.	*Including Indian Harbor where my father fished before.*
Mais s'ils veulent se battre pour elle je me tiendrai debout.	*And if they want to fight for her then I'll surely make a stand.*
Et ils regretteront d'avoir tenté de prendre Terre-Neuve.	*And they'll regret the day they tried to take our Newfoundland.*
[*refrain*]	[*chorus*]
Maintenant qu'on a du pétrole sur nos côtes, il faut prendre le temps.	*Now that the oil is on our shore we better take the time,*
De développer cette ressource avec plus de soin.	*To develop it more carefully,*
Sinon, on va se rendre compte que ce qui aurait pu être une solution à notre économie vacillante, a changé notre mode de vie et détruit nos pêcheries.	*Or else you're going to find, what could have been the answer to our poor economy, has changed our way of living and destroyed our fishery.*
[*refrain deux fois*]	[*chorus twice*][2]

« Pensez-vous que Terre-Neuve est une nation ? » demande Guylaine Maroist aux clients de la brasserie. Sans aucun doute, répondent-ils un par un, alors que les autres opinent du bonnet. « Terre-Neuve appartient à Terre-Neuve ; on n'appartient pas au Canada », lance un

2. Extrait de *The Islander*, paroles de Bruce Moss.

jeune homme. Un autre, plus âgé, reprend : « Je crois profondément qu'Ottawa a causé beaucoup de torts à Terre-Neuve. Il faut se lever et dire qu'on en a assez d'Ottawa ! »

Là encore, le vote de 1948 que plusieurs estiment frauduleux, le moratoire sur la morue et le contrat de Churchill Falls sont évoqués comme les gros cailloux dans les souliers du fédéralisme canadien. Ici, à vol d'oiseau, on est plus proche de Paris que de Vancouver. Les habitants ne comprennent pas ce qui fait d'eux des Canadiens. De l'Atlantique au Pacifique, des gens de localités si éloignées ne peuvent pas être d'authentiques compatriotes !

Ici, on présente la capitale de Terre-Neuve comme la plus vieille ville du pays. Mais… n'est-ce pas Québec ? Oui et non. Le 5 août 1583, soit 15 ans avant la fondation de Québec par Samuel de Champlain, Humphrey Gilbert prend possession de la région pour l'Angleterre. Sur papier, St. John's est donc plus vieille que la capitale québécoise. En 2008, Andy Wells, alors maire de St. John's, a d'ailleurs interpellé la ministre fédérale du Patrimoine, Josée Verner, pour remettre les pendules à l'heure. À son avis, Québec n'est pas la première ville de l'histoire du Canada ; cette prétention revient plutôt à la capitale insulaire. Des appuis importants, notamment du Torontois Jack Granatstein, ancien directeur du Musée canadien de la guerre, sont venus renforcer cette vision. L'historien Jacques Lacoursière s'est joint au débat en soulignant que Québec avait été occupée sans interruption pendant quatre siècles, alors que St. John's avait probablement été sporadiquement inhabitée. Oui, quelques pêcheurs avaient pu y faire sécher leurs morues ou s'y approvisionner en eau, mais aucun groupe ne s'y était installé de façon permanente. Les preuves d'une telle occupation continuent de manquer pour faire de St. John's la première ville historique, soutient l'historien de Québec. Il faut aussi dire que, pendant les deux siècles suivant cette « date de fondation », St. John's changera de mains au rythme des conflits, devenant même une base pour la guerre de l'Indépendance des États-Unis et la guerre de 1812.

On le voit, Terre-Neuve est depuis longtemps un lieu stratégique… au cœur des rivalités coloniales. La province est également une source intarissable de frictions avec Ottawa et Québec. L'emprise des voisins et les vicissitudes du lien fédéral sont au cœur des conversations dans la rue, sur les ondes radio…

La voix du peuple

Dans le studio de la radio VOCM (*Voice of the Common Man*), de St. John's, la caméra d'Éric Ruel capte l'activité autour du micro de Bill Rowe[3], qui tient depuis 30 ans une tribune téléphonique sur des thèmes touchant l'opinion publique. Dans la salle attenante, il zoome sur le téléphone qui ne cesse de sonner, un matin où l'animateur questionne les auditeurs sur le sujet du jour : pour ou

3. Rowe a aussi animé une émission sur les ondes de CFCB, à Corner Brook. En 2011, il s'est retiré des ondes après 30 ans de service.

contre l'indépendance de Terre-Neuve? «Un moment s'il vous plaît!», lance la standardiste qui voit toutes les lignes occupées. Et on continue de composer le numéro de la station.

L'animateur est aux anges. Un sujet comme celui-là, ça marche toujours. Il a été proposé par la documentariste québécoise qui voulait capter, sur le vif, l'opinion des gens sur la question. Son émission est très populaire sur l'île, et Guylaine voulait sonder l'opinion du vrai monde; il a donc accepté de laisser entrer les caméras dans le studio. Les Québécois ont saisi l'occasion. «Salut, Bill. Moi, je veux dire que de nombreux Terre-Neuviens sont découragés de leur situation au Canada; le *statu quo* n'est plus possible. Nous savons tous que le vote pour la Confédération a été truqué.» «Salut, Bill, dit une autre. Il n'y aura jamais un rapport égalitaire pour la province de Terre-Neuve-et-Labrador dans la Confédération. Je blâme le gouvernement fédéral pour ça...» Un auditeur est plus radical: «Ils peuvent bien prendre leur pays et s'étouffer avec!»

L'animateur populaire (son émission, *Backtalk*, obtient d'excellentes cotes d'écoute l'après-midi) s'avère nuancé en entrevue. Il trouve que les Québécois ont infligé aux Terre-Neuviens une fraude historique lorsqu'ils ont négocié le traité sur la gestion de Churchill Falls. Mais il se dit solidaire des Québécois séparatistes. «Si le Québec quittait la Confédération et renégociait certaines ententes avec le reste du Canada, tout le monde en sortirait gagnant. La population serait plus heureuse. Ce serait un mariage consensuel plutôt qu'un mariage forcé. »

L'entrevue se tient tout juste après l'émission de radio, qui a connu un vif succès aujourd'hui. L'ancien politicien, auteur de plusieurs livres, croit que le sentiment séparatiste est latent dans la population terre-neuvienne et peut s'enflammer à tout moment. Dans les semaines précédentes, l'actualité a fait ressurgir des sentiments de frustration qui ont été exprimés très clairement. Cela dit, Bill Rowe ne croit pas que la séparation se fera dans un horizon prochain. La situation économique est difficile, et la population, ici, demeure largement tributaire du secteur primaire. Le seul homme politique qui aurait pu promouvoir la souveraineté du territoire, à son avis, a mis fin à sa carrière en 2010. C'est Danny Williams. « Un leader comme lui, charismatique et solide, pourrait enflammer – aurait pu enflammer, s'il l'avait voulu – le sentiment séparatiste. De nombreuses personnes, à l'émission d'aujourd'hui, ont mentionné que Danny aurait pu sortir Terre-Neuve de la Confédération. Il le pourrait encore, si l'enjeu en valait la peine. Mais de façon générale, dans la mesure où une émotion conjoncturelle n'est pas dans l'air, je crois que le sentiment séparatiste demeure bas. Modérément bas, disons. »

Bill Rowe a un parcours intéressant. Si, alors âgé de près de 70 ans, il tient encore quotidiennement un micro, c'est qu'il est passionné par la politique et la vie publique. Élève brillant, il a obtenu au terme de ses études secondaires une des prestigieuses bourses Rhodes, qui lui a permis d'étudier à l'Université d'Oxford, en Angleterre. Il termine sa maîtrise avec une mention d'honneur. À 24 ans, il fait son entrée à l'Assemblée législative lors de l'élection provinciale de 1966. Deux ans plus tard, il entre au Cabinet provincial ; il sera élu cinq fois au total. Après sa carrière politique, il mènera une brillante carrière de juriste, notamment dans l'arbitrage patronal-syndical. Il publie cinq livres, dont des romans et des essais, en plus de commenter régulièrement l'actualité dans la presse écrite et, plus récemment, électronique.

L'interviewuse profite de la présence de ce fin observateur pour le sonder sur le séparatisme terre-neuvien. Le mariage entre sa province et le Canada se porte-t-il bien, après 60 ans de vie commune ? « Les 32 millions de Canadiens partagent-ils des valeurs ? », demande-t-elle.

M. Rowe répond sans hésiter par l'affirmative. « Oui, le Canada a sa propre identité. Et pas simplement par le rejet de l'identité états-unienne. Le Canada est un pays artificiel… au sens propre. C'est un pays *human made.* » Vous savez, nous n'avons pas de frontières naturelles ou culturelles comme en Europe. Nous avons construit cette nation sur des espoirs d'anglophones, de francophones et d'autres locuteurs qui voient le Canada comme un exemple remarquable de progrès social, de stabilité économique. Je crois que c'est ce que nous avons en commun : le fait d'avoir bâti un pays à partir de colonies britanniques et françaises, et de l'avoir mené jusqu'à aujourd'hui. »

Est-il indépendantiste ? Disons que ça dépend des jours. Il l'a été, il ne l'est plus, il pourrait l'être de nouveau. « J'ai souvent pensé que nous aurions davantage de succès, culturellement et économiquement, si nous étions totalement autonomes et j'ai souvent eu l'impression que le Québec devrait aussi se séparer. Je suis parmi les rares anglophones du Canada qui aimerait apprendre le français afin d'aller au Québec et lutter pour faire avancer l'option indépendantiste. »

Des Terre-Neuviens maîtres chez eux !

Un autre illustre Terre-Neuvien figurant sur la liste des incontournables de Guylaine Maroist s'appelle Ryan Cleary. Né en 1966, Cleary est d'abord journaliste pendant 20 ans pour *The Telegram*, où il couvre les pêcheries. À titre de journaliste spécialisé, il a fort à faire lors de l'imposition du moratoire sur la pêche à la morue, en 1992. Comme reporter d'enquête, il obtient des prix pour la qualité de ses reportages diffusés dans *The Newfoundland Herald*, à NTV et au magazine *Time*. Il animera ensuite une tribune téléphonique en soirée, *Nightline*, sur les ondes de VOCM.

Chroniqueur virulent et ouvertement séparatiste (il dirigera pendant plusieurs années l'hebdomadaire *The Independent*), Cleary est aussi un polémiste qui ne craint pas de s'attaquer au gouvernement fédéral. Il est particulièrement cinglant à l'endroit du Nouveau Parti démocratique (NPD) qui, selon lui, rassemble des « *granolas* vieillissants et des pseudo-artistes » ainsi que des « *losers* » dirigés par un chef (Jack Layton) « qui n'arriverait pas à prendre le pouvoir même si on lui accordait une avance de 100 sièges ».

On comprend que Ryan Cleary a dû mettre beaucoup d'eau dans son vin quand il s'est porté candidat aux élections de 2011 sous la bannière du NPD. Gagnant avec une forte avance dans la circonsciption de St. John's South – Mount Pearl, il siège aujourd'hui à la Chambre des communes d'Ottawa.

Ryan Cleary a écrit dans *The Independent* que le Canada n'avait pas servi la cause de ses concitoyens depuis que sa province s'était jointe à la Confédération. « Voici ce que je propose : laissons au Canada cinq ans pour changer son orientation envers Terre-Neuve-et-Labrador, sans quoi nous tiendrons un vote sur la séparation. »

C'était le 6 novembre 2005. Manifestement, le Canada n'a pas changé sa position sur la province, et il n'y a pas eu de référendum sur la question en 2010. C'est plutôt lui qui semble renier son passé. Dans sa fiche de député, M. Cleary présente une liste d'articles dont il est l'auteur. Ceux-ci portent sur les richesses du Labrador, le joueur de hockey Darren Langdon, le joueur de soccer Gus Etchegary et d'autres sujets neutres, publiés dans *Atlantic Business Magazine*, et l'édition canadienne du *Time* ainsi que dans *Marketing Magazine*, où il était un collaborateur régulier ou occasionnel jusqu'à son élection. Pas un mot sur le périodique au titre évocateur, prônant la séparation de la province de Terre-Neuve-et-Labrador. Oublié.

Les archives du site du journal *The Independent*, elles, ne peuvent plus être consultées en ligne en date de la rédaction du livre. Impossible d'avoir accès à ses articles à partir de chez soi… à moins bien sûr de les avoir imprimés, ce que l'équipe des Productions de la ruelle a eu la bonne idée de faire. Or, Cleary était l'un des piliers de cette publication, qu'il a abondamment alimentée.

« M. Cleary était très nerveux lors de l'entrevue, signale Guylaine Maroist. J'ai dû beaucoup insister pour qu'il accepte de nous parler devant la caméra. Il savait sans doute à l'époque qu'il allait faire de la politique fédérale. Son ton semble agressif et on a l'impression qu'il se montre méfiant. Il ne paraît pas du tout heureux d'être ramené à ses anciennes amours. Je crois qu'il aurait préféré vivement qu'on laisse ça derrière lui. »

La transcription de l'entretien qu'il accorde à l'équipe laisse planer des doutes sur ses convictions séparatistes – un mot qu'il évite soigneusement de prononcer, par ailleurs. « Terre-Neuve-et-Labrador ne veut pas quitter le Canada. Elle veut évoluer avec ce pays. Mais c'est comme si des forces contraires nous empêchaient d'être une partenaire équivalente aux autres autour de la table. Notre province compte sept députés à la Chambre des communes. Combien en compte le Québec ? Soixante-quinze. Avons-nous une voix égale ? Non. Le Sénat canadien possède 106 sièges ; on n'en a que 6. Des provinces sont plus égales que d'autres. Nous ne sommes pas de ce nombre. »

L'entrevue à la caméra se déroule au port de St. John's. D'entrée de jeu, l'invité pose une question à la documentariste : « Que voyez-vous autour de vous ? » Guylaine, surprise, doit admettre qu'elle ne voit rien de particulier. Il fait soleil, il n'y a pas âme qui vive autour, même le vent s'est calmé...

« Justement, voilà le point : notre port est mort ! » Ce que nous ne voyons pas dans ce port, fait-il valoir, ce sont les navires militaires. « Nous sommes au bord de l'Atlantique, et où sont les bateaux de guerre ? Ils sont à Halifax. Aucun ne mouille ici. En réalité, il en vient une fois par année, à l'occasion d'un festival d'été. Durant quatre jours, vous voyez des navires de la Marine. Ils viennent pour le *party.* »

La morue n'est pas la seule à avoir disparu de la baie. La marine marchande et les convois militaires aussi, eux qui faisaient jadis de St. John's une escale majeure. Cela stimulait l'économie locale, les déplacements nationaux et internationaux. Aujourd'hui, rien de tout cela ne subsiste. Pour notre interlocuteur, le grand responsable de ce dépeuplement n'est pas difficile à identifier : c'est l'administration fédérale. Et les choses n'ont jamais été aussi mauvaises que sous la gouverne de Stephen Harper.

Il poursuit : « Regardez autour de vous. Voyez-vous des édifices fédéraux ? Il y en a un seul. Nous sommes comme un poste abandonné par l'administration fédérale. »

Il revient à plusieurs reprises sur la question de la grande famille canadienne. C'est son leitmotiv. Rien ne lui fera renoncer à son identité canadienne. « Quand vous regardez une famille, vous voyez bien que ses membres sont différents, mais qu'ils forment tous une même famille. Le contact passe bien, quand c'est nécessaire ! »

Il insiste. La culture des Prairies est différente de celle de l'Ontario, des Maritimes ou du Québec, mais ça marche ! Le député souligne que l'inégalité des membres de cette famille s'affiche parfois davantage que son unité. « Je suis un "Terre-Neuvien-et-Labradorien" d'abord, ne vous trompez pas. Mais je me sens aussi canadien, particulièrement pendant les matchs de hockey, en regardant *Hockey Night in Canada*. Quand je voyage en Europe ou ailleurs, je dis que je suis canadien. Vous savez, je suis fier de mon pays, le Canada. Mais je suis parfois insatisfait de la façon dont celui-ci a traité Terre-Neuve-et-Labrador. »

Alors qu'il était journaliste, Ryan Cleary a réalisé une série de six reportages sur les coûts et bénéfices de la province par rapport à la Confédération. Cette série lui avait valu une mention d'honneur aux prix de journalisme Michener, très respecté dans la profession au Canada anglais. Le but de cette série, explique-t-il lors de l'entrevue, était de briser les mythes, notamment celui qui veut que Terre-Neuve-et-Labrador soit un poids économique pour le Canada. En un an, 22 millions de tonnes de minerai ont été extraites du sous-sol du Labrador par la seule minière Iron Ore. Où va cette richesse ? Elle est exportée à l'extérieur de la province. Combien de pots, de casseroles et de cuillères en métal fait-on avec tout ça ? Comme les eaux de la Churchill, qui valent des milliards pour le Québec – et des millions pour Terre-Neuve-et-Labrador –, les fruits des richesses du territoire sont drainés à l'extérieur. « Les gens ne savent pas ça », déplore-t-il.

Le gouvernement du Canada, soutient-il en entretien, n'a rien fait pour sauver les Terre-Neuviens de la crise de la pêche qu'il a en partie causée. C'est une insulte pour ces gens. Le contrat dévastateur de Churchill Falls a également nui à l'estime de soi des Terre-Neuviens-et-Labradoriens. Sans cela, peut-être n'auraient-ils pas développé ce complexe d'infériorité qu'ils cherchent aujourd'hui à surmonter. « Nous voulons être maîtres chez nous ! », lance-t-il. Comme les Québécois ont souhaité le faire sous Jean Lesage dans les années 1960. Cet amoureux de son peuple et de sa région natale déteste par-dessus tout le sobriquet de « Newfie » qui leur a été accolé. Il l'a entendu pour la première fois à 12 ans, alors qu'il était en visite chez une tante en Ontario. « Ça nous a collé à la peau. C'est une façon, je crois, de nous mépriser, car les Canadiens nous regardent de haut. Ne m'appelez pas “Newfie”. Je n'aime pas ça. »

Le sentiment d'injustice et le ressentiment envers Ottawa et le Québec sont récurrents dans les propos de Ryan Cleary. Pourtant, il sait bien que le Canada est encore l'un des bons employeurs dans cette province ; il préfère affirmer sa foi au fédéralisme canadien.

Lorsque le député néo-démocrate apprend que la version anglaise du documentaire *Les États-Désunis du Canada* sera diffusée sur Discovery Channel, le 5 janvier 2014, il fait connaître son malaise auprès de Guylaine Maroist. L'idée de voir son nom associé à ces mouvements séditieux le gêne.

Pourquoi un tel malaise ? Sans doute parce qu'il est un peu embêtant pour un député d'une formation nationale de souhaiter ouvertement l'éclatement du pays. Manifestement, M. Cleary a choisi de laisser une autre chance au Canada.

Une histoire de pêche !

Éric et Alberto décident de filmer l'interview avec Tom Best sur un quai de son village, Petty Harbour. Ce pêcheur à l'allure débonnaire a accepté de répondre aux questions de l'équipe, car il a un message à livrer. Il veut que le reste du pays connaisse un peu mieux la réalité de ses concitoyens. Derrière lui se déploie un paysage austère où rien ne semble bouger. Dans ce village fantôme, on entend les mouches voler.

« On nous avait parlé à maintes reprises du moratoire sur la pêche à la morue ; nous voulions interviewer la personne la plus compétente sur le sujet. L'homme à voir était Tom Best. Ce type se bat depuis 20 ans pour faire reconnaître les revendications des siens. Pas question d'aborder le sujet des pêcheries sans passer par lui », relate Guylaine Maroist.

Sur la route qui mène au village situé sur la côte est de la péninsule d'Avalon, les voyageurs savourent du regard le bleu de l'Atlantique se mariant avec celui du ciel ; les verts semblent plus que verts, si vivants, par opposition à la désolation des agglomérations en désuétude, des traces d'occupation humaine, fades et tristes. On ne croise que des vieillards.

Lorsque, chemin faisant, Guylaine s'informe de l'itinéraire par la fenêtre de la camionnette, elle comprend mal la réponse de ses interlocuteurs à cause de leur accent indéfinissable. « J'essaie de prononcer clairement l'adresse où nous souhaitons nous rendre ; personne ne comprend. Mais quand je dis que je cherche Tom Best, eurêka ! Tom Best ? Fallait le dire tout de suite. On me renseigne sans peine. »

Tom Best, c'est Barrabas dans l'Évangile de Terre-Neuve. Il vit dans ce village de pêcheurs entouré de hautes collines et de falaises abruptes, baigné par une rivière tumultueuse qui se jette dans la mer, dirait-on dans un guide touristique.

Pendant que l'équipe technique installe l'équipement et repère les meilleurs angles pour le tournage, un résidant se joint au groupe. Au-delà de l'image bucolique, Petty Harbour n'échappe pas à la division, car deux solitudes règnent ici, révèle-t-il. Elles sont séparées non pas par des barrières linguistiques (tout le monde parle anglais), mais par des barrières idéologiques. Cette fois, les Québécois ne sont pas en cause ; le coupable est… Dieu Lui-même. Pour des raisons historiques, les catholiques se sont installés d'un côté de la baie; de l'autre, les protestants ont bâti leur église. Jusqu'à récemment, les uns et les autres ne s'adressaient jamais la parole.

Quand il était enfant, Tom Best voyait des navires entrer et sortir de la baie du matin au soir. Il y avait dans le village une effervescence sociale et économique marquée par les saisons de pêche en haute mer. La morue était abondante, et sa chair était appréciée par les cuisiniers des quatre coins de la planète. La population de Terre-Neuve en pêchait des quantités industrielles, la transformait et l'expédiait sous diverses formes. Le poisson faisait la renommée de cette région depuis pas moins de cinq siècles.

Il évoque son enfance marquée par la présence d'authentiques héros de la pêche. Un peu à la manière des films hollywoodiens, il s'asseyait à la fenêtre pour observer le retour des super-pêcheurs qui rivalisaient d'audace pour rapporter les meilleures prises. « Vous regardiez ces hommes fiers et prospères, et vous aviez envie de leur ressembler plus tard », dit-il.

La morue vit encore dans les eaux glacées de l'Atlantique Nord, mais en quantités infiniment moindres qu'à l'époque de Jacques Cartier et même de Clyde Wells. Depuis les années 1970, les stocks de morues ont diminué au point de compromettre la survie même de l'espèce. Avant d'alerter les autorités, il aura fallu attendre l'écrasement de l'économie terre-neuvienne, fortement dépendante de cette ressource. Depuis 1992, un moratoire sur la pêche a été décrété par les autorités fédérales pour permettre à l'espèce de retrouver une vigueur. Certains doutent qu'elle y parvienne, la morue étant un poisson grégaire qui se nourrit, s'alimente et se reproduit dans d'immenses bancs. « Avec le moratoire sur la pêche à la morue, ce sont plusieurs siècles de notre culture qui se sont éteints, souligne Tom Best. Ça a dévasté de très nombreuses communautés côtières à Terre-Neuve-et-Labrador. Des communautés comme celle-ci, à Petty Harbour. Des jeunes sont partis. Plusieurs d'entre ceux qui auraient pu constituer notre prochaine génération se sont aujourd'hui installés en Alberta. »

Le pêcheur exprime sa lassitude, voire son désespoir. Son langage non verbal est éloquent : mouvements lents, regard triste, épaules voûtées. Il n'y a pas si longtemps, la pêche faisait vivre des familles entières, et par extension toute la communauté. Il y avait ici des familles heureuses et des commerces prospères. Les jeunes demeuraient dans leur coin de pays pendant l'été, où ils pouvaient encore trouver de petits boulots. Aujourd'hui, c'est le chômage qui les guette.

Il y a consensus sur la cause du désastre : la surpêche. Pour Tom Best, cette dérive a un coupable facile à identifier : le gouvernement fédéral. « Nous avons bien géré la ressource jusqu'à notre entrée dans la Confédération, en 1949. Nous étions une colonie britannique prospère et vigoureuse depuis le début de la colonisation. Quand Ottawa a pris les choses en main, les conseillers du gouvernement fédéral ont déterminé les règles à partir de leurs connaissances scientifiques. Ils ont fixé les quotas :

combien de poissons pouvaient être pêchés par les gens d'ici et par les pêcheurs de l'étranger. Résultat : en une période de 30 à 40 ans, cette gestion a mené à la dévastation des bancs de morues. Les poissons ont disparu à cause de l'arrivée d'une nouvelle génération de chalutiers-dragueurs utilisés massivement par l'industrie. »

Le moratoire devait durer trois ou quatre ans. L'entrevue se déroule près de 20 ans après son imposition, et le moratoire tient toujours. Personne n'envisage sa levée. « Ils n'ont jamais écouté les pêcheurs comme nous », déplore l'interlocuteur. Pour des raisons de politique étrangère, Ottawa a donné accès aux bancs de morues aux pêcheurs d'Europe. Il évoque une entente intervenue entre le Canada et le Portugal, donnant un accès aux côtes de Terre-Neuve en échange d'achat de voitures produites en Ontario. Un accord qu'on a décrit comme gagnant pour l'Ontario et le Canada, mais certainement pas pour Terre-Neuve, qui a vu son poisson lui filer littéralement entre les doigts.

Grâce à Tom Best, l'équipe de tournage pourra accompagner un chalutier dans une baie jadis reconnue pour son abondance en morues. Après quelques heures pendant lesquelles sont lancées les lignes, un seul poisson se laisse prendre. Il est jeté dans un bac de plastique et agonise tristement. Dans le film, ces séquences sont intercalées avec celles des bonnes années de la pêche, où les chalutiers transportaient des tonnes de poissons à chaque sortie en mer. Les filets regorgeaient de poissons qui étaient vidés d'un coup dans les cales. On les envoyait à la pelle vers l'usine.

Ces images inestimables ont été puisées dans une banque de l'Office national du film, tient à souligner la réalisatrice. « Sans ces images, il serait aujourd'hui impossible d'imaginer l'abondance d'antan. Ces images prouvent que le récit de Best n'est pas une histoire de pêcheur… »

Aujourd'hui, on autorise une pêche « récréative » de cinq poissons par jour. Dans un bateau, les prises ne peuvent pas dépasser 15 poissons. Par comparaison, le bateau de Tom Best pouvait rapporter 500 ou 600 tonnes de morues par saison. Une saison qui durait trois ou quatre mois…

La culture locale était imprégnée de cette ressource. Bien avant les entrepôts frigorifiques, les techniques de conservation se limitaient au soleil et au sel. Les femmes s'occupaient du séchage du poisson sur de grandes plateformes ; les enfants les aidaient. D'autres procédaient au salage du poisson pour les marchés extérieurs. Les Portugais et les Espagnols, notamment, en consommaient d'imposantes quantités. Les gens d'ici n'étaient pas millionnaires, mais ils avaient amplement de quoi subsister et ils étaient heureux, affirme Tom Best.

Dans son village, des centaines d'emplois sont disparus à la suite de l'imposition du moratoire. Autour de l'homme, on aperçoit d'immenses entrepôts désaffectés. Des 300 employés qui travaillaient ici il y a 20 ans, il n'en reste plus qu'une quinzaine. Une catastrophe sociale, à ses yeux, s'ajoute aux impacts économiques.

Il rapporte que, sur le plan provincial, l'industrie de la pêche à la morue donnait du travail à 15 000 à 20 000 personnes, ainsi qu'à 20 000 à 25 000 autres travailleurs dans le secteur de la transformation. Aujourd'hui, on ne compte plus guère que 14 000 employés dans les 2 secteurs réunis. Et la morue n'est plus la grande vedette de ce marché ; le crabe des neiges et d'autres espèces sont venus la compenser.

Y a-t-il de l'espoir pour favoriser un développement durable de la pêche à la morue ? Tom Best en doute, car la ressource semble inexorablement affaiblie.

Dans l'esprit de Tom Best, Terre-Neuve-et-Labrador a un poids politique minuscule dans l'État fédéral. C'est pourquoi les stocks de morues ont fait office de monnaie d'échange dans des ententes internationales. « Le poisson a été abandonné. Nous avons servi à contrebalancer les échanges commerciaux en vertu d'autres considérations, notamment dans le but d'aider les autres provinces au Canada. C'est sûr que je suis en colère contre le gouvernement central qui, en plus de tout ça, a fait la promotion de techniques d'exploitation destructrices. »

Le gouvernement provincial, là-dedans ? Il est à la solde d'Ottawa, prétend Best, et ne défend pas directement les intérêts des Terre-Neuviens.

L'homme fort de Terre-Neuve… attrapé au vol

« Nous ne considérons pas le gouvernement fédéral comme notre bienfaiteur. Nous contribuons pleinement à la construction et à l'évolution de ce pays. Mais nous devons aussi nous tenir debout quand c'est nécessaire. »

Celui qui s'exprime ainsi est le premier ministre de Terre-Neuve-et-Labrador, Danny Williams, en poste durant le séjour des Québécois (il a été premier ministre de 2003 à 2010). Avocat et homme d'affaires, diplômé de l'Université Dalhousie d'Halifax, M. Williams a été élu chef du gouvernement sous la bannière du Parti progressiste-conservateur. M. Williams se garde bien de se dire ouvertement séparatiste lorsqu'il répond aux questions de Guylaine Maroist. Mais ses propos sont teintés d'autonomisme. À plusieurs reprises, ses concitoyens l'ont perçu comme un leader fort, capable de les mener très loin : « Danny Williams est un personnage plus grand que nature, explique Guylaine Maroist. S'il n'avait pas démissionné en 2010, il serait encore au pouvoir et l'aurait sans doute été toute sa vie… Le dernier suffrage le faisant remporter ses élections s'établissait à 80 %… C'est dire l'influence qu'il a. »

Pourquoi était-il tant aimé ? Parce qu'il est un farouche protecteur des intérêts de Terre-Neuve. Devant le pouvoir de la capitale fédérale, il est le contraire d'un *yes man*, note Guylaine Maroist. Selon *The Chronicle Herald*, Danny Williams et Stephen Harper ne s'aimaient pas, mais alors là, pas du tout. À preuve, cette anecdote savoureuse : deux mois avant que Harper accède à la tête de l'État canadien, en 2006, les politiciens se croisent dans un événement-bénéfice à 100 $ par personne, au profit de la Fédération du saumon atlantique. Un témoin relate qu'à micro fermé, entre deux discours, Harper met en garde le premier ministre terre-neuvien : « Si vous pensez que vous allez *f...* mon pays, attendez de voir ce que je vous réserve ! » Ce à quoi Williams répond : « Si vous pensez que vous allez *f...* ma province, attendez de voir ce que, moi, je vous réserve[4] ! »

Âgé de 61 ans lors de l'entrevue, il rappelle qu'il est né quatre mois après l'entrée de sa province dans la Confédération[5]. « Au moment de l'entrée de Terre-Neuve dans la Confédération, le vote était extrêmement serré. Tout vote de cette importance laisse des traces. Des divisions sont demeurées dans les familles. Mais le temps a passé. Les gens d'ici aiment le Canada. Parfois, ils sont mécontents de voir le sort que leur réservent les différents gouvernements fédéraux. Mais nous aimons notre pays. Aujourd'hui, très peu de gens de Terre-Neuve-et-Labrador sont en faveur d'une séparation – j'emploie ce terme à défaut d'en trouver un autre, meilleur. »

---

4. "If you think you're going to (fiddle) with my country, you've got another thing coming." "If you think you're going to (fiddle) with my province, you've got another thing coming." Tiré de Paul McLeod, « Williams, Harper had testy exchanges », *The Chronicle Herald*, 6 décembre 2013, thechronicleherald.ca/canada/1172392-williams-harper-had-testy-exchanges.
5. Williams naît le 4 août 1949 et le vote se tient en juillet 1948 ; la province est annexée au Canada le 31 mars 1949.

Petit retour sur un fait historique. Le 23 décembre 2004, le premier ministre Williams ordonne de retirer tous les drapeaux canadiens flottant sur les édifices provinciaux pour manifester sa colère devant l'impasse des négociations avec Ottawa sur les revenus des ressources extracôtières. Selon les ententes, le fédéral récolte 70 % des recettes de l'exploitation pétrolière, alors que les provinces n'en obtiennent qu'un maigre 30 %.

Le 6 janvier suivant, le premier ministre annonce que les drapeaux unifoliés flotteront de nouveau sur les édifices publics. À la fin du mois, il obtient du gouvernement libéral dirigé par Paul Martin des concessions significatives sur les droits d'exploitation du pétrole au large des côtes atlantiques. Cette réussite diplomatique ouvrira à Terre-Neuve-et-Labrador la voie d'une situation de prospérité notable.

Guylaine interviewe M. Williams en marge d'une célébration marquant les 500 ans de Cupids. Le premier ministre prononce son discours en insistant sur la longue histoire de la province ; c'est ici que la première colonie britannique s'est installée en Amérique.

Cet entretien n'avait pas été confirmé dans le plan de tournage. Au moins une vingtaine de coups de fil et une cinquantaine de courriels avaient été envoyés à l'attachée de presse de M. Williams pour planifier une rencontre. Aucune entente formelle. Qu'à cela ne tienne, la documentariste, toujours très persévérante, profite d'un événement public pour intercepter le premier ministre[6].

Les personnalités politiques, à Terre-Neuve, hésitent à s'affirmer sur le sujet délicat qu'elle explore dans son documentaire. Cela dit, l'homme est distingué et affable ; il accepte poliment de répondre à ses questions.

Bien qu'on eût pu voir en lui un partenaire idéologique naturel de Stephen Harper – les deux hommes défendent des politiques de droite dans des partis aux noms presque identiques –, Danny Williams s'en prend vivement à son homologue fédéral à l'occasion des élections canadiennes de 2008. Lançant une campagne anti-Stephen Harper intitulée *ABC* (*Anything but Conservative*), il manifeste sa colère envers le premier ministre après que celui-ci eut renié ses promesses sur les retombées économiques provinciales de l'exploitation des ressources naturelles. Williams soulève la question de la péréquation qui, selon lui, désavantage sa province.

Qu'est-ce que la péréquation ? Source de conflit perpétuel entre le gouvernement fédéral et les provinces, c'est le système de partage des revenus entre les différentes régions du pays. Ce système a été mis en place pour que les provinces moins fortunées reçoivent de l'État central des redevances provenant des plus riches.

---

6. Guylaine Maroist ne renonce pas facilement à un projet d'entrevue. À force de persévérer, en 1997, la jeune femme a obtenu une entrevue exclusive avec Yasser Arafat, leader palestinien, à Gaza, en Israël. L'entrevue a été publiée dans *Le Devoir*.

La mésentente dont il est question ici remonte à la campagne de 2006, alors que M. Harper avait promis de retirer les revenus provenant des ressources naturelles non renouvelables d'une nouvelle formule de calcul de la péréquation. Une fois élu, il n'a pas tenu compte de cet engagement, ce qui a mis le feu aux poudres dans la province. Dans les faits, la nouvelle formule de calcul allait priver le gouvernement terre-neuvien d'importantes sommes à cause de la prise en compte de revenus provenant des sites miniers et pétroliers situés sur son territoire.

La campagne négative *ABC* contribuera à faire chuter l'appui aux conservateurs fédéraux dans la province. Celui-ci passera de 43 %, en 2006, à moins de 17 % en 2008. Aucun député terre-neuvien ne sera élu dans le gouvernement majoritaire de Stephen Harper.

En clair, Danny Williams croit que le Canada ne respectait pas suffisamment les habitants de Terre-Neuve-et-Labrador. Mais du même souffle, il prétendait que ce mécontentement ne devait pas mener à l'éclatement du pays. On sentait, dans ses propos, que l'adhésion au fédéralisme canadien était un sujet épineux ; un terrain miné. « Nous sommes la plus jeune des provinces canadiennes. Vous savez, il y a tout juste 60 ans, nous habitions notre propre pays », dit-il.

Les chutes de la discorde

Guylaine Maroist constate que les Terre-Neuviens possèdent un sens de l'humour à toute épreuve. « Ils ont une faculté d'autodérision et un joyeux cynisme incroyables. Ils adorent rire. Ce n'est pas pour rien qu'ils ont produit tant d'humoristes. Plusieurs vedettes canadiennes de l'humour, dont Rick Mercer, viennent de cette province. »

De plus, la musique semble couler dans leurs veines, ce qui ne déplaît pas à cette diplômée en musique. Leurs racines irlandaises en font de dignes descendants des bardes celtes. Amoureux de la danse, de la musique traditionnelle et des chansons à répondre, ils vous garantissent une soirée mémorable. Dans les bars où la bière coule à flots, des groupes présentent des spectacles musicaux associant des airs de blues avec des sonorités traditionnelles irlandaises.

Ce n'est pas un hasard. La province accorde depuis toujours une grande importance à la création sous toutes ses formes. Dès les années 1960, le gouvernement provincial a encouragé les arts de la scène, ce qui a donné le coup d'envoi à des festivals de théâtre professionnel et amateur. On a vu se multiplier les troupes qui se lançaient dans des comédies musicales et des créations collectives tant en ville qu'en région. En 1967, le gouvernement construit le Centre des arts et de la culture dans la capitale, suivi d'un réseau de centres régionaux (Corner Brook, Gander, Grand Falls-Windsor, Stephenville et Labrador Ouest). En 1980 naît le Newfoundland and Labrador Arts Council (Conseil des arts de Terre-Neuve-et-Labrador), accompagné d'un programme de soutien aux artistes.

Sensibles à cette effervescence, Guylaine et Éric assistent aux spectacles, ce qui leur permet de s'imprégner de la couleur locale. Partout où ils passent, les Québécois sont reçus avec égards. Il y a même beaucoup de chaleur humaine dans l'attitude de leurs hôtes. Cela apparaît contradictoire avec le discours ambiant, anti-Québec. « Nous n'avons rien contre les Québécois, rectifient-ils. Nous en voulons aux gouvernements. »

Guylaine explique. « Deux événements historiques semblent inacceptables aux yeux des Terre-Neuviens : le moratoire sur la pêche à la morue et l'épisode de Churchill Falls. Lorsque nous écoutons les commentaires diffusés pendant les tribunes téléphoniques à la radio, par exemple, chaque jour les témoignages acerbes se font entendre. À Terre-Neuve-et-Labrador, il règne un immense ressentiment, nourri par la frustration de ses habitants de s'être fait flouer par Québec. »

L'affaire, assez complexe, remonte aux années 1960 et touche successivement trois premiers ministres québécois (Maurice Duplessis, Paul Sauvé et Jean Lesage), le premier ministre terre-neuvien (Joseph Smallwood) et les représentants des producteurs d'électricité Brinco, Churchill Falls (Labrador) Corporation (CFLCo), Hydro-Québec et Consolidated Edison of New York.

Très tôt, les entrepreneurs voient dans les chutes de la rivière Churchill, situées dans l'ouest du Labrador, un intéressant potentiel hydroélectrique. Il est vrai que ces chutes de 75 mètres sont idéales pour ce qui va devenir, en 1971, la deuxième plus importante centrale hydroélectrique souterraine du monde (après l'aménagement Robert-Bourassa, à la Baie-James, au Québec), avec une puissance d'environ 5 400 mégawatts. La centrale sera alimentée par un réservoir où s'acheminent les eaux d'un réseau de 88 digues dans tout le bassin versant. À elle seule, la mise en eau du réservoir mettra deux années complètes.

Les constructions s'entament en 1967 en vertu d'une entente entre les partenaires Brinco (l'entreprise privée à l'origine du projet, qui détient 63,3 % des parts), Hydro-Québec (16,3 %), Rio Algom (10,4 %) et le gouvernement de Terre-Neuve (10 %). Les promoteurs obtiennent une garantie de prêt de 500 millions de dollars américains, la plus importante jamais consentie dans l'histoire du Canada pour un tel projet. Hydro-Québec assure la supervision des travaux. Jusque-là, l'harmonie règne, et tout le monde s'entend. Le problème apparaîtra plus tard.

Le 12 mai 1969, un contrat de vente d'électricité à long terme est signé par les délégués. Le contrat prévoit qu'Hydro-Québec achètera la totalité de la production de la centrale pour 40 ans (renouvelable pour 25 ans en 2016), à l'exception d'un bloc de 300 mégawatts, cédé à Terre-Neuve. En échange de l'achat de cinq milliards de dollars (montant qui n'a été déterminé qu'à la fin de la construction, en 1975), Hydro-Québec participe aux risques de l'entreprise. Mais ceux-ci se révéleront minimes puisque la centrale s'avère l'une des plus rentables de la société d'État québécoise.

Assez rapidement, on constate le déséquilibre du contrat. Dès 1974, le gouvernement de Terre-Neuve rachète les parts de Brinco afin de renégocier l'entente avec Hydro-Québec. Le projet de construction d'une ligne de haute tension entre la centrale et la St. John's est limité par le fait que Terre-Neuve ne peut utiliser que 300 mégawatts (une énergie insuffisante pour justifier la construction d'une telle ligne). Le gouvernement de Terre-Neuve jouera le tout pour le tout et tentera d'invalider les clauses initiales liant la province à la société Brinco. La bataille judiciaire, qui durera une dizaine d'années, se soldera par deux décisions de la Cour suprême du Canada, en 1984 et en 1988, donnant raison à Hydro-Québec[7].

Il y a de quoi être en rogne à l'Est, car les Churchill Falls sont situées en plein Labrador, mais c'est Hydro-Québec qui recueille la plus grande partie des profits.

Thomas Hickey était l'un des représentants élus à l'époque et il reconnaît que l'inexpérience de l'équipe terre-neuvienne a pu jouer un rôle dans ce que plusieurs qualifient encore aujourd'hui de désastre national. « Nous étions jeunes et inexpérimentés », dit en entrevue l'homme qui a siégé pendant 21 ans au Parlement provincial et qui a été réélu 7 fois.

7. Terre-Neuve-et-Labrador obtient tout de même d'Hydro-Québec en 2009 un droit d'accès aux lignes de haute tension de cette dernière, ce qui lui permet de vendre de l'électricité produite sur son territoire..Un contrat de 5 ans évalué à une somme de 40 à 80 millions de dollars.

Devenu député en septembre 1966, il n'avait qu'un mois d'expérience pour étudier les clauses du contrat et livrer ses commentaires, avant même l'ouverture de la session parlementaire. Avec deux collègues, il a approuvé la lettre d'intention qui leur était présentée avec deux réserves. La première, c'était que la construction se fasse dans le « meilleur intérêt » du peuple de Terre-Neuve-et-Labrador. Deuxièmement, les frontières entre les provinces ne devaient pas être litigieuses ni faire l'objet d'une renégociation.

L'attitude de M. Hickey est éloquente. Il a le regard fuyant et semble indisposé par les questions de l'intervieweuse. Il parle rapidement et avec nervosité, voire avec impatience.

Un contrat signé est un contrat signé, fait valoir Guylaine Maroist. Quand le projet de Churchill Falls est arrivé sur la table à dessin, Terre-Neuve n'avait ni l'expertise ni les moyens financiers de le réaliser… « Bien sûr, mais il y a deux façons de faire des affaires, répond Thomas Hickey : l'honorable et la déshonorable. À mon avis, Hydro-Québec a conclu une entente qui n'était ni raisonnable, ni équitable. Elle a commis une injustice à l'égard de la population de Terre-Neuve. Hydro-Québec continue d'empocher des milliards et des milliards, et, pendant qu'on parle, le spectacle se poursuit. »

Avec un peu d'humour, et sans doute pour atténuer le malaise, Thomas Hickey conclut sa réflexion de façon inattendue. Le plus simple, évoque-t-il, serait peut-être de s'allier au Québec et de se séparer ensemble du reste du pays. Après tout, les deux provinces ont des frontières communes et plusieurs de leurs intérêts convergent. « Je ne fais pas la promotion de cette option, mais elle me semble raisonnable même si beaucoup d'eau risque de couler sous les ponts avant qu'elle se réalise, soutient-il. Je crois que les Québécois et les Terre-Neuviens ont beaucoup plus de points communs qu'avec n'importe quelle autre population provinciale. »

Confédération forcée ou référendum volé ?

Mais pourquoi donc Terre-Neuve a-t-elle accepté de se joindre à la Confédération ? Revenons un instant sur cet épisode. La Société Radio-Canada possède les archives d'une émission de radio dans laquelle on peut entendre le jeune reporter René Lévesque présenter en direct les cérémonies entourant l'entrée de l'île dans la Confédération. Nous sommes le 1er avril 1949, et l'émission provient d'Ottawa, où on s'apprête à graver au pied du Parlement canadien l'écusson de Terre-Neuve aux côtés des armoiries des autres provinces canadiennes. Retransmise depuis la capitale provinciale, la nomination protocolaire du premier citoyen de l'île, le lieutenant-gouverneur, sir Albert Walsh, qui représente le roi George VI, est diffusée dans tout le pays. « L'adhésion de Terre-Neuve à la Confédération ne se fait pas de gaieté de cœur, peut-on lire sur le site des archives de la société d'État. Depuis la découverte de cette colonie britannique par Jean Cabot[8], en 1497, les insulaires ont toujours joui d'une bonne part d'autonomie. Avant 1933, l'île détient le même statut politique que la Nouvelle-Zélande, l'Australie ou son voisin, le Canada. Elle possède sa propre monnaie, ses timbres, ses passeports et un gouvernement responsable entre 1855 et 1933. »

En effet, Westminster a reconnu à Terre-Neuve un statut d'État indépendant pendant près d'un siècle. Cela ne veut pas dire que tout va pour le mieux, car les 300 000 habitants sont aux prises avec une grave crise économique. En 1934, c'est Londres qui éponge les dettes de l'ancienne colonie. En retour, la métropole exige la dissolution du gouvernement et la formation d'une commission gouvernementale chargée d'étudier les solutions de rechange. Cette commission est en grande partie dirigée de l'Angleterre. Il s'agit en quelque sorte d'une tutelle en attendant que le pouvoir soit transféré au Canada… si la population le veut.

Le 29 janvier 1948, l'assemblée constituante de Terre-Neuve, formée de 45 membres, précise les choix qui seront proposés aux citoyens. La population veut-elle d'un « gouvernement responsable » comme celui d'avant 1934 (ce qui revient à une souveraineté implicite) ou d'une « commission de gouvernement » (équivalent du *statu quo*) ? À noter, le choix sur le fédéralisme canadien ne figure pas dans la première mouture de la consultation

8. Jean Cabot (1450-environ 1500), ou Giovanni Cabotto, était un navigateur vénitien au service de l'Angleterre.

publique, mais il apparaîtra mystérieusement dans le libellé final. « Le Bureau des relations du Commonwealth avait conservé pour la décision définitive ce qui devait paraître sur le bulletin de vote, écrit l'historien David MacKenzie[9]. [...] L'option de la Confédération a donc été incluse sur le bulletin parce que c'était la politique soutenue par le Canada et la Grande-Bretagne. »

Lorsque se tient le vote, le 3 juin 1948, l'indépendance politique est le choix le plus populaire, avec 45 % des suffrages. La Confédération arrive en deuxième avec 41 %. Il y aura un second tour le 22 juillet 1948 : 52,3 % des répondants voteront pour la Confédération, contre 47,7 % pour l'indépendance. C'est le 31 mars suivant que Terre-Neuve devient une province canadienne.

Choix libre ou annexion forcée ? Pour certains observateurs comme l'essayiste québécois d'origine ontarienne Robin Philpot, le référendum de 1948 est une escroquerie. Il dévoile, dans son livre au titre non équivoque *Le référendum volé,* les différentes manœuvres pour faire pencher le vote pour la Confédération. Il prétend, notamment, qu'un fonctionnaire britannique aurait carrément falsifié le résultat du vote référendaire. Celui-ci aurait eu les mêmes proportions, mais à l'inverse : 52,3 % pour l'indépendance. Il aurait trafiqué en douce le résultat pour donner un coup de pouce à la mère

---

9. Cité dans Samuel Venière, *Le référendum raté de Terre-Neuve : L'annexion de 1949*, anecdoteshistoriques.com (2 septembre 2012, consulté le 16 décembre 2013). Lui-même cite Robin Philpot, *Le référendum volé,* Montréal, Éditions Les Intouchables, 2005.

patrie. Philpot soulève plusieurs doutes quant à la légitimité du vote pour la Confédération. En cela, il rejoint plusieurs historiens et intellectuels terre-neuviens qui pensent comme lui.

Et si Terre-Neuve avait choisi la voie de l'indépendance ? Outre que le Canada aurait été privé d'une province atlantique, et donc de la possibilité d'afficher sa si chère unité nationale d'un océan à l'autre, plusieurs doutent que la population eût eu les capacités de se gérer elle-même. Joseph Smallwood, futur premier ministre provincial et farouche fédéraliste, n'avait-il pas dit, quelques années plus tôt : « Nous ne sommes pas une nation ; nous sommes une municipalité de taille moyenne[10] » ?

Quoi qu'il en soit, ce référendum faisant de Terre-Neuve la dixième province canadienne est resté dans la mémoire collective comme une dure expression des divisions provinciales. Pour ne pas dire une véritable calamité.

Le ressentiment ne fera pas long feu. Durant les cérémonies entourant le cinquantième anniversaire de cette adhésion, en 1999, on apprend que l'île est la plus pauvre des provinces du Canada. Le taux de chômage y est deux fois plus élevé que la moyenne canadienne. Les interviews qu'on diffuse à la radio de Radio-Canada avec les citoyens expriment très clairement la frustration[11]. « Le caractère insulaire de la province et l'isolement ont contribué à bâtir une identité culturelle unique, dont les

---

10. Samuel Venière, *op. cit.*
11. Archives de Radio-Canada, 21 mars 1999.

Terre-Neuviens sont très fiers », explique-t-on poliment. On évoque la vie culturelle et artistique des insulaires.

Dans la province voisine, la Nouvelle-Écosse, l'annexion au Canada, bien que survenue plusieurs décennies avant celle de Terre-Neuve, a été le résultat de manœuvres étonnantes. Par comparaison, l'intégration de la dixième province apparaît presque comme une comédie. Car Terre-Neuve n'est pas seule à avoir vu ses aspirations autonomistes écrasées par la botte fédéraliste.

La Nouvelle-Écosse contre le Canada

L'un des plus grands héros de la Nouvelle-Écosse porte le numéro 87 (en référence à son année de naissance) et joue au hockey. Il s'appelle Sidney Crosby. La fierté d'être la ville natale du célèbre hockeyeur est affichée un peu partout à Cole Harbour, ville de 25 000 habitants. Sidney tient un bâton de hockey à l'âge de deux ans et, à trois, il affine sa précision en lançant des rondelles dans le lave-linge familial. Marqueur naturel retenant l'attention dès la catégorie atome, il donne sa première entrevue aux médias à… sept ans. Il ne cesse d'étonner par ses prouesses et il gravit les échelons jusqu'à la Ligue nationale de hockey (LNH) où il est repêché par les Penguins de Pittsburgh en 2005 ; il arbore le *C* du capitaine sur son chandail deux ans plus tard. À la suite de la conquête de la Coupe Stanley par son équipe, au printemps 2009, il défile avec l'imposant trophée dans les rues de sa ville natale, en liesse. C'est la consécration locale, provinciale et nationale.

Coïncidence, Cole Harbour, cette banlieue d'Halifax, est le lieu d'origine d'un autre joueur de talent, repêché le premier en 2013 dans la LNH, Nathan MacKinnon. Outre ces miracles sur glace – Crosby figure parmi les 100 personnes les plus influentes au Canada, selon le magazine *The Hockey News*, et MacKinnon pourrait connaître une carrière remarquable – la Nouvelle-Écosse est une province qui semble entrer avec hésitation dans le XXIe siècle. Son économie, jadis basée sur les matières premières, tente de se diversifier, mais les succès se font attendre. « L'activité économique en Nouvelle-Écosse a été léthargique au cours des deux dernières années, alors que la croissance économique provinciale a été pratiquement stationnaire, avec un taux de 0,2 % en 2012. Il s'agit de la croissance la plus lente depuis 2009, dit un récent rapport du ministère de l'Emploi et du Développement social du Canada. Jusqu'à présent en 2013, le laisser-aller du marché de l'emploi provincial observé en 2012 s'est poursuivi. Pendant les sept premiers mois de 2013, l'offre provinciale de travailleurs s'est accrue par rapport à la même période l'année précédente, tandis que les niveaux d'emploi ont diminué[1]. »

Dans cette province d'un peu moins de un million d'habitants, l'insatisfaction envers le fédéralisme canadien est endémique. D'un gouvernement à l'autre, on accepte de jouer le jeu d'Ottawa, mais avec plus ou moins

1. Emploi et Développement social Canada, *Bulletin sur le marché du travail – Nouvelle-Écosse : août 2013*, http://www.edsc.gc.ca/fra/emplois/imt/publications/bulletins/ne/ns-bmt-201308.pdf.

de conviction. Par exemple, en 1990, tout juste avant l'échec de l'accord du Lac Meech, le premier ministre John Buchanan avait prédit que les Provinces maritimes allaient se joindre aux États-Unis si l'accord ne passait pas. Il faut dire que la population d'ici, formée notamment de descendants de loyalistes fuyant la guerre de l'Indépendance des États-Unis, se sent souvent, idéologiquement, plus près de la Nouvelle-Angleterre que du reste du Canada... Mais si la Nouvelle-Écosse est la première province à avoir accueilli un parti séparatiste (un siècle avant le Parti québécois !), elle est aujourd'hui peuplée de gens peu enclins à la révolution.

En fait, il y a peu de grands bouleversements dans la politique néo-écossaise depuis la Confédération, les trois partis traditionnels (Nouveau Parti démocratique, Parti libéral et Parti progressiste-conservateur) se relayant au pouvoir.

L'ivresse du pouvoir

Si nous pouvions régler une machine à voyager dans le temps pour nous retrouver au milieu du XIXe siècle, nous trouverions pourtant à Halifax une population prospère, vivant de pêche, d'exploitation minière, de foresterie et d'agriculture. Les affaires vont bien pour la colonie britannique. Au Cap-Breton, on exploite les mines de charbon, la source d'énergie la plus prisée au monde à cette époque. L'acier fait vivre ses premières usines. Toute la première moitié du siècle est à l'avenant. On entame en 1830 la production de voiliers, dont le plus célèbre sera le

Bluenose, un athlète des mers qui remportera des championnats internationaux jusqu'en 1930. C'est la goélette au nom emprunté aux habitants de la Nouvelle-Écosse (une légende raconte que les habitants avaient un nez bleu à cause du froid mordant) qui figure en bas-relief sur les pièces de 10 cents de la Monnaie royale canadienne.

La géographie de la Nouvelle-Écosse en fait un des endroits les plus fertiles du continent, potentiel exploité dès le début de la colonisation. Au XVIIe siècle, Port-Royal est réputé pour son agriculture. Marc Lescarbot le signale dans un de ses récits sur la Nouvelle-France. On y trouve dès 1606 « de la farine, du seigle, de l'orge, du blé, des pois, des haricots, du chanvre, du navet et des herbes de jardin[2] ». Peu après, des fermiers élèvent des cochons, des moutons, de la volaille et des pigeons pour leur viande. On voit même, dès cette époque, quelques vergers bourgeonner au printemps. Bref, la colonie se porte bien puisqu'on est présent depuis deux siècles déjà sur ces terres fertiles. Dès le XIXe siècle, la population de l'Atlantique se débat avec des forces étrangères qui se disputent les ressources minières et les pêcheries frontalières sur son territoire. Les partisans de la Confédération seront un groupe ennemi de plus.

Avant 1867, l'Amérique du Nord britannique compte six colonies indépendantes : la Nouvelle-Écosse, le Nouveau-Brunswick, le Canada-Uni (le Québec et

---

2. William B. Hamilton, *Local history in Atlantic Canada*, Toronto, MacMillan of Canada, 1974, p. 187.

l'Ontario), Terre-Neuve, l'Île-du-Prince-Édouard et la Colombie-Britannique. La terre de Rupert et les Territoires du Nord-Ouest, qui appartiennent à la Compagnie de la Baie d'Hudson, ne seront cédés au Canada qu'en 1870.

La Confédération canadienne verra le jour à la suite de l'union du Canada-Uni, du Nouveau-Brunswick et de la Nouvelle-Écosse. Celle-ci, nommée par le roi d'Écosse en 1620 à la faveur de l'établissement d'une colonie, occupe une place particulière dans l'histoire des séparatismes canadiens. En effet, les électeurs néo-écossais envoient au départ à Ottawa une députation presque unanimement... sécessionniste.

On ne peut comprendre l'entrée de la Nouvelle-Écosse dans la Confédération sans se replacer dans le contexte colonial. Du côté d'Ottawa, on craint l'appétit des puissants voisins. Les États-Unis d'Amérique pourraient bien s'intéresser à l'île qui présente une situation géographique enviable pour les échanges commerciaux. Les pressions se font sentir pour annexer les régions stratégiques au grand pays qui se consolide au sud. C'est d'autant plus inquiétant que de très nombreux nouveaux arrivants de la Nouvelle-Écosse sont nés en Nouvelle-Angleterre, dans des États qui forment aujourd'hui la côte est du plus puissant pays du monde. En effet, à l'époque de la guerre de l'Indépendance des futurs États-Unis, l'Amérique du Nord britannique est encore un ensemble de colonies et de territoires appartenant à l'Angleterre. Plus de 50 000 loyalistes venus du Sud s'y établiront, se mêlant à la population existante, particulièrement dans les provinces atlantiques.

Lors de la guerre de Sécession américaine, ces mêmes loyalistes craignent des représailles des indépendants du Nord, les sudistes étant appuyés par la couronne britannique… La guerre de Sécession est sanglante, dévastatrice. On peut comprendre les gens des Maritimes de se sentir menacés. C'est dans ce climat qu'ils sont invités à se joindre au Canada.

Sauf que voilà : la Nouvelle-Écosse ne voit pas l'intérêt de se joindre à cette Confédération gérée aux confins de l'Ontario et du Québec par des gens totalement étrangers à la réalité locale. La Nouvelle-Écosse est peuplée de gens productifs et prospères. À cette époque, la région n'a rien à envier aux autres colonies du continent, surtout pas à celles de l'ouest de l'estuaire du Saint-Laurent. Une des raisons de l'expansion du Canada-Uni est d'ailleurs le besoin de trouver de nouveaux revenus, les dettes coloniales s'accumulant.

Joseph Howe, dont la statue de bronze s'élève devant l'Assemblée législative (Province House), à Halifax, mène un combat acharné contre le projet de Confédération, arguant que sa province ne veut pas de cette alliance. Premier ministre de la province de 1860 à 1863, Howe est farouchement opposé au projet de John A. Macdonald, premier ministre canadien, qui souhaite unir le pays d'un océan à l'autre. Il contribue à la formation, en 1867, du Parti anti-confédération qui obtient le pouvoir avec, à la tête, son chef William Annand. C'est même un triomphe pour les opposants au Canada, car ils remportent 36 des 38 sièges.

Avec des émissaires, Howe mène une opération de lobbyisme pour convaincre Londres de ne pas inclure sa province dans le projet de Confédération canadienne. Il part littéralement en mission dans la mère patrie, dans l'idée de convaincre la couronne britannique de laisser la colonie néo-écossaise voler de ses propres ailes. Les lobbyistes n'auront pas gain de cause. Howe, vraisemblablement, se voit offrir discrètement par les représentants de la mère patrie une proposition qu'il ne saura refuser. Nous y reviendrons.

Nous sommes donc dans une colonie vivant de la pêche, l'agriculture, l'exploitation du charbon et le commerce du bois… Des valeurs sûres. Son port s'ouvre sur l'Atlantique, ce qui permet le transport de marchandises vers l'Europe. Que se passe-t-il pour que cette province abdique ses pouvoirs et adhère à un projet aussi peu emballant que la Confédération canadienne ? On sait en tout cas que la première députation néo-écossaise élue au Parlement fédéral canadien dans le premier gouvernement de son histoire compte 18 députés séparatistes sur 19 représentants. Comme si, après avoir accepté de se joindre à ce fameux Canada, la Nouvelle-Écosse envoyait ses séparatistes la représenter.

La fédération naissante accueille ses premiers sécessionnistes élus. Comme le dit la narratrice dans le film : « Dix-huit sur dix-neuf, c'est encore plus unanime que le Bloc Québécois dans ses meilleures années… »

Même s'ils occupent officiellement les sièges de députés canadiens à la Chambre des communes du Parlement d'Ottawa, les députés de la Nouvelle-Écosse ne renoncent pas à leurs idées sécessionnistes. Ils présentent une motion pour la rupture de leur province avec l'entente fédérale, en 1868. Comme si le Bloc Québécois avait déposé à la Chambre des communes une déclaration d'indépendance du Québec un an après son arrivée !

Bien entendu, cette motion est rejetée.

Les partisans s'opposant à la Confédération perdront de leurs appuis, mais ne mourront jamais. À ce jour, un vaste bassin de personnes considèrent que les populations des provinces de l'Atlantique partagent une identité distincte du reste du pays, en raison de leurs activités et de leur culture maritimes.

Dès les débuts de son projet de documentaire sur l'identité canadienne, Guylaine Maroist prévoit se rendre dans les Provinces maritimes. La Nouvelle-Écosse figure au sommet de sa liste. Sa recherche la mène vers les travaux de Ronald Colman[3]. Docteur en sciences de l'économie originaire d'Australie, M. Colman a été recherchiste et scripteur de discours aux Nations Unies, et a travaillé au Colorado avant de déménager en Nouvelle-Écosse en 1990. Fondateur de GPI Atlantic, un centre de recherche pour le développement durable en Nouvelle-Écosse, cet ancien professeur de sciences politiques à la Saint Mary's

3. Malheureusement, au moment où l'équipe prévoit un déplacement pour l'interviewer, il est en voyage d'affaires au Bhoutan.

University (passé en 1997 à temps plein au centre GPI Atlantic), croit que l'éclatement du pays est inévitable. Les Maritimes doivent apprendre à s'« autodéterminer ».

Pour Colman, le Canada compte des régions distinctes qui pourraient être à la fois souveraines et interdépendantes, un peu à la manière de la Communauté européenne, un modèle de gestion à ses yeux. Sur le site web de GPI Atlantic, on peut lire : « L'indépendance à l'européenne pourrait encourager les Maritimes à se fier à leurs propres leviers économiques et politiques [...]. S'appuyant sur ses forces, la région pourrait redécouvrir la puissance de ses communautés tissées serré, son riche patrimoine culturel et spirituel, ses programmes sociaux généreux et décents, sans parler de la beauté et de l'abondance de ses ressources naturelles et de sa créativité[4]. »

Un autre penseur autonomiste est Scott MacLean, fondateur avec quelques intellectuels d'un regroupement pour la séparation du Cap-Breton de la Nouvelle-Écosse. Cet homme d'affaires de Sydney en Nouvelle-Écosse affirme que le Cap-Breton incarne aussi une société distincte et réclame pour la région le statut de onzième province du Canada !

Dès l'an 2000, le mouvement Province of Cape Breton Island revendiquait pour l'île une administration distincte de la province de Nouvelle-Écosse, alors qu'une

---

4. Genuine Progress Index for Atlantic Canada / Indice de progrès véritable – Atlantique, « *Maritime Independence and Canadian Union* », communiqué de presse, juin 2000, www.gpiatlantic.org/releases/pr_independence.htm.

assemblée publique attirait 300 personnes. L'année suivante, des rencontres ont été tenues pour promouvoir ce projet à l'Université du Cap-Breton. En 2006, en réponse à la motion déposée par Stephen Harper à la Chambre des communes sur la nation québécoise, le mouvement connaît un regain de vie. Le maire de la municipalité régionale du Cap-Breton, John Morgan, l'appuie avec d'autres personnalités publiques. Ce mouvement est aujourd'hui disparu.

On le voit, les mouvements sécessionnistes sont plutôt rares et désorganisés de nos jours en Nouvelle-Écosse. Ça n'a pas toujours été le cas.

Pourquoi renoncer à la sécession ?

Qui a peuplé les Maritimes ? De nombreux sujets loyaux à la monarchie britannique qui préfèrent quitter les États de la Nouvelle-Angleterre, plus au sud, pour s'installer dans la colonie britannique et demeurer sous l'emprise morale de la reine. Il y a aussi de nouveaux arrivants provenant des îles Britanniques, particulièrement d'Écosse. « Les pressions économiques, la surpopulation, l'expulsion des Gaëls[5] forcent des milliers de colons écossais à prendre la direction de la Nouvelle-Écosse, assurant pour toujours le caractère écossais de la colonie et, non seulement son nom. Les soldats revenus

5. L'expulsion des Gaëls (*Highland Clearances*) fait référence à la déportation des habitants des hautes terres d'Écosse (Highlands), de 1716 à 1746. Les immigrants se sont dirigés vers les basses terres du pays (Lowlands), les Appalaches aux États-Unis et la Nouvelle-Écosse au Canada.

des guerres napoléoniennes forment un autre contingent important de la population », écrit l'historien William B. Hamilton[6].

La Nouvelle-Écosse connaît au XIXe siècle une grande croissance démographique. La population compte 40 000 habitants en 1800 ; ce chiffre a doublé en 1817 et a triplé pendant la décennie suivante. Les Néo-Écossais sont 200 000 en 1838. À titre de comparaison, les Terre-Neuviens doublent leurs effectifs de 1815 à 1845, atteignant près de 100 000 habitants.

Dans les années suivant la Confédération, la Nouvelle-Écosse subira une dégradation accélérée de son niveau de vie. Le chemin de fer qui unit la province à l'Ouest dès 1876 ne remplit pas les promesses de prospérité qu'il avait soulevées. C'est même le contraire qui se produit.

À en croire l'historien Hamilton, la Nouvelle-Écosse n'est plus que l'ombre d'elle-même. « Il y a un siècle, la plupart des habitants de l'Atlantique canadien avaient un niveau de vie élevé, par comparaison avec celui du reste du pays, écrit-il en 1974. Plus maintenant. »

Peut-être, évoque Murray Beck, cette régression est-elle simplement due à un ralentissement des activités économiques conjoncturelles. La guerre civile américaine étant terminée et le chemin de fer achevé, les besoins en énergie et en biens que pouvaient assurer les industries

6. William B. Hamilton, *Local History in Atlantic Canada*, Toronto, MacMillan of Canada, 1974, p. 14.

néo-écossaises se sont réduits. Il demeure que, seulement deux ou trois années après son entrée dans la Confédération, les conditions faisant de cette province un État prospère se sont effacées. L'État béni (*Happy State*) n'est plus.

L'homme des billets de 10 dollars

Le plus célèbre des Pères de la Confédération, celui qui permettra l'unification du pays par le chemin de fer, est John A. Macdonald. Le même qui figure, avec un sourire énigmatique, sur les billets de 10 dollars canadiens. L'homme a indiscutablement un charisme hors du commun, qu'il déploie pour transformer l'opinion contraire en élan positif envers son imposant projet. Sans lui, nul doute que le Canada aurait eu un tout autre visage. Il joue un de ses grands rôles à l'Île-du-Prince-Édouard, où se tient en 1864 une réunion importante réunissant les députés des Maritimes prêts à s'unir hors des États-Unis et du Canada. À ce moment-là, on ne veut ni des uns ni de l'autre.

Ne reculant devant rien pour faire tourner en sa faveur l'opinion des députés récalcitrants, Macdonald compte sur son talent… et sur une cale remplie de victuailles. Il veut influencer leur décision pour favoriser son grand projet, et tous les moyens sont bons pour qu'il parvienne à ses fins.

Le *Queen Victoria*, un vapeur de 200 tonnes, largue les amarres le 29 août. Destination : l'Île-du-Prince-Édouard. Les cales sont remplies de délices destinés à régaler leurs hôtes. Au menu: homard, saumon, légumes de saison, pâtisseries. Macdonald a pris soin d'acheter du champagne avant de mettre le cap sur Charlottetown. Une *Minute du patrimoine* diffusée en 2014 relate cette anecdote savoureuse. On y voit le jeune politicien, incarné par l'acteur torontois Steve Cumyn, accepter dans son bateau à vapeur les caisses de bouteilles au cours d'une escale à Québec. Cela se passe sous les yeux des émissaires enrôlés par Macdonald dans la mission, dont les hommes politiques George-Étienne Cartier et George Brown. En réponse à une objection morale de ce dernier – est-il vraiment approprié de transporter tout cet alcool pour infléchir les décisions d'une réunion politique? –, Macdonald répond sans hésiter qu'il est là pour gagner.

Revenons un instant sur cette figure marquante, iconographique, du Canada, dont on célébrera le 200e anniversaire de naissance en 2015. Véritable bête politique de son époque, John Alexander Macdonald est le premier des premiers ministres du Canada. Né en Écosse, il n'a que cinq ans quand ses parents déménagent à Kingston pour fuir l'État qui leur réclame des sommes impayées. Pourquoi Kingston? Parce qu'une partie de la famille Macdonald s'y trouve déjà.

Le petit John fréquente l'école jusqu'à l'âge de 15 ans, puis poursuit ses études en droit, ce qui lui permet d'être admis au barreau en 1836 et de s'assurer un avenir confortable. Il se fait connaître pour ses qualités de plaideur, notamment en défendant avec brio la cause d'un pédophile, William Brass, sans pouvoir lui éviter la potence.

Soldat durant la rébellion de 1837-1838 au Haut-Canada, Macdonald n'affronte pas le feu ennemi. Il se passionne néanmoins pour la politique. Il pratique le droit et mène parallèlement une carrière qui le conduit aux élections législatives de Kingston, qu'il remporte sans difficulté en 1844. À cette époque, on vote à main levée, et les meilleurs tribuns sont souvent ceux qui ont la sympathie de l'électorat. Dès ce moment, il adopte la coutume consistant à offrir de l'alcool à ses électeurs pour les inciter à voter en sa faveur. Lui-même aime bien la bouteille, et celle-ci deviendra une amie compromettante tout au long de sa carrière.

Son mariage avec sa cousine Isabella, en 1843, se révèle difficile puisque celle-ci tombe malade dès l'année suivante et que sa maladie nécessite des soins prolongés qu'il doit financer. Assez rapidement, John A. Macdonald se découvre une âme libre qui s'accorde mal avec les valeurs de ses origines victoriennes. Exubérant, flamboyant, il affiche sans scrupule son inclination pour la fête. On lui soupçonne des liaisons hors mariage et on sait qu'il fréquente les quartiers de Montréal où l'alcool coule à flots. Isabella Clark Macdonald, qui développe des plaies de lit à Kingston, voit rarement son mari légitime. Elle meurt en 1857, lui laissant un fils, qu'il voit peu. Il se remarie en 1867 avec Agnes Bernard, qui lui donnera deux autres enfants.

Aux yeux du peuple canadien d'aujourd'hui, Macdonald est une grande figure. Les livres d'histoire montrent un homme avec des cheveux en bataille, mais toujours bien vêtu, avec la redingote et la lavallière. Son visage présente une certaine noblesse (il deviendra « sir John A. Macdonald » à la fin de sa vie active), mais affiche un air narquois et crâneur. Le journaliste canadien-anglais Richard Gwyn, qui lui consacre en 2007 une importante biographie, intitule son premier tome *The Man Who Made Us: 1815-1867* (Random House), soit l'homme qui a fait de nous ce que nous sommes. Mais l'auteur escamote le fait que Macdonald a dû composer avec les mouvements séparatistes qui s'élevaient de toutes parts sur sa route. Il les a contournés, assimilés, matés… soûlés.

Avec la Nouvelle-Écosse, il a effectivement noyé les élus dans le champagne. Ça semble avoir marché, puisqu'ils embrassèrent sa cause, contre toute attente, et donnèrent leur aval au projet de Macdonald. « Les chefs des trois colonies des Maritimes décident de se réunir à Charlottetown pour créer leur propre pays : la Fédération des Maritimes, dit la narratrice du documentaire. Et qui se pointe sans qu'on l'ait invité ? John A. Macdonald. Le chef du Canada-Uni arrive dans un beau bateau plein à ras bord de champagne. Treize mille dollars de champagne. Un quart de million aujourd'hui. Belle manière de mettre la table. »

Ce que le premier ministre vient proposer, c'est d'abandonner cette idée folle consistant à créer un bloc atlantique qui serait isolé. Se joindre au Canada est la meilleure solution collective pour ces provinces, plaide-t-il. Son argumentaire tient à cette rhétorique : Pour votre sécurité et votre prospérité, formez un pays avec nous ! Lions toutes les colonies fidèles à l'Angleterre d'un océan à l'autre avec un beau grand ruban d'acier… Le Canadian Pacific Railway.

Mais les chefs n'avalent pas ça tout de suite. « Ils en ont entendu, des histoires – ce sont des pêcheurs », dit Guylaine. À leurs yeux, rien ne milite pour la Confédération. Les Maritimes sont riches et le Canada-Uni croule sous les dettes. Pourquoi s'associer avec un pays dont le Parlement sera situé à 2 000 kilomètres de chez eux ?

Mais John A. Macdonald est ce qu'on appelle un « beau parleur ». En effet, l'homme a du charme et s'en sert. Il leur martèle son *credo* : Les gars, le commerce par les voies maritimes, c'est fini. L'avenir, c'est le continent. L'avenir, c'est l'exploitation de l'Ouest. L'avenir, c'est le chemin de fer. Le Canadian Pacific Railway.

Il ne leur dit pas qu'il est un actionnaire de l'entreprise. Un partenariat qui va lui coûter son poste politique, quelques années plus tard. Mais c'est une autre histoire.

Et il sabre le champagne. Une magnifique gravure montre la députation qui festoie et vacille. « Mais le cas des premiers séparatistes du Canada était réglé », commente la narratrice.

Même si aucune réunion n'était transcrite dans des registres sous forme de procès-verbaux, comme on le fait aujourd'hui dans n'importe quelle organisation structurée, on connaît la teneur des propos de Macdonald grâce au livre de Gwyn. Le politicien vante les mérites du train, qui permettra de faire circuler produits transformés et denrées d'un bout à l'autre du continent. « Toutes les grandes récoltes viendront sur les immenses chemins de fer du Canada jusque dans votre port », déclare-t-il dans un de ses rares discours encore conservés. Mais il sait bien que ces seules vertus ne sauront convaincre. Il appuie ses arguments sur le sentiment pro-britannique de la population maritime et de ses représentants. « La nouvelle nation sera une grande monarchie britannique, en lien direct avec l'Empire, et sous l'autorité de la reine. » Voilà un discours que les annexionnistes favorables aux États-Unis ne peuvent pas tenir. Quant aux indépendantistes, ils sont sensibles à l'Écossais de sang, chef du Canada-Uni. Il a un plan, une vision. C'est un spectacle de l'écouter. « Tout, mes chers amis, peut être acquis par l'union, et tout peut être perdu par la désunion, lance-t-il. Tout le monde reconnaît que le grand pacte unissant l'Ouest et l'Est devra se mettre en place un jour. J'affirme que ce jour-là est arrivé. Si nous laissons passer cette occasion, elle ne se présentera peut-être plus jamais[7]. »

Comme dans la fin d'un acte, l'auditoire accueille le discours du tribun avec des applaudissements nourris.

---

7. « Everything, gentlemen, is to be gained by union, and everything to be lost by disunion. Everybody admits that the union must take place some time. I'll say now is the time. If we allow so favourable opportunity to pass, it may never come again. »

La conférence de Charlottetown marque un tournant. La presse fait l'éloge de Macdonald et note le changement de perception. Dans les Maritimes, « il y a moins d'aversion pour le Canada. Il y aurait même un élan positif envers l'union », écrit le *Witness* d'Halifax[8].

Il semble que le lendemain est rude pour les représentants de la Nouvelle-Écosse, qui se font reprocher par leurs concitoyens d'avoir trahi la cause. Ce sont ces mêmes représentants qui deviendront sécessionnistes après la création de la Confédération.

Howe *ottawashed*

Aucun personnage n'incarne aussi bien que Joseph Howe les énigmes marquant les débuts du Canada en Nouvelle-Écosse. D'abord farouchement réfractaire à la Confédération, il diminuera graduellement l'ardeur de ses attaques envers le fédéralisme, au point de changer totalement son fusil d'épaule. C'est le même leader néo-écossais qu'on retrouve, quelques années plus tard, dans l'équipe de John A. Macdonald. Il réfutera les arguments anti-Confédération de ses compatriotes et fera la promotion d'un pays uni. Une caricature publiée à l'époque le montre écrasé sous un train, le train transcontinental, symbole de la Confédération.

Prenant son nouveau rôle à cœur, il sera un acteur majeur dans l'entrée du Manitoba dans le pays confédéré,

---

8. Cité dans Richard Gwyn, *John A : The Man Who Made Us – Volume One : 1815-1867,* Toronto, Random House, 2007, p. 307.

quelques années plus tard, aux côtés de Macdonald. Après sa carrière politique, on le nommera lieutenant-gouverneur de la Nouvelle-Écosse. Par contre, toutes les fois qu'il retournera chez lui, ses choix passés reviendront le hanter: il y sera considéré comme un traître jusqu'à sa mort.

Quand on examine le parcours de Joseph Howe, on comprend que son virage idéologique remonte à 1868, alors qu'il se rend à Londres pour obtenir de la reine le droit de soustraire sa province à la Confédération. Les émissaires de la souveraine refusèrent de l'entendre.

C'est là que John A. Macdonald usa de son génie politique en offrant à ce brillant tribun de passer derrière la ligne ennemie. À l'été 1868, juste après cette mission avortée, il se rend à Halifax pour négocier avec lui. De ces pourparlers secrets résultèrent des offres de meilleures conditions financières pour la Nouvelle-Écosse, un poste pour Howe au Cabinet fédéral… et l'adhésion de la Nouvelle-Écosse dans la Confédération.

« Le stratagème utilisé par John A. Macdonald, consistant à donner un poste prestigieux, de l'argent ou à couvrir d'honneurs un "rebelle", est une méthode éprouvée dans l'histoire du Canada, toujours efficace aujourd'hui », conclut la documentariste en souriant.

Au Canada, il y a un terme pour cette procédure: « *ottawashed* », un mot dont la ressemblance avec « *brainwashed* » n'est pas accidentelle. On dit d'une personne influente qu'elle a été « *ottawashed* » après quelques heures dans un bureau aux murs capitonnés…

L'Acadie, pays errant

Le français et l'anglais sont les langues officielles du Canada depuis 1969, année de l'adoption de la Loi sur les langues officielles. Cela ne signifie pas que tous les Canadiens sont bilingues, bien entendu, mais que les deux langues ont un statut équivalent au Parlement, au gouvernement, au sein de la fonction publique fédérale ainsi que dans tout ministère, organisme et société d'État fédéral.

Les provinces ne sont pas forcées de suivre Ottawa en matière de politique linguistique. La langue officielle du Québec est le français, et l'anglais celle de huit provinces. Une seule province, au Canada, est officiellement bilingue. Cette province, c'est le Nouveau-Brunswick, qui compte un peu plus de 750 000 habitants, dont près du tiers sont d'expression française.

Est-ce qu'on est dans une province bilingue, ici? La question est posée à Jean Saint-Cyr, du journal *Acadie Nouvelle*, le 25 octobre 2010, par Guylaine Maroist. « Absolument, oui. Mais le concept des deux solitudes se poursuit. C'est-à-dire qu'on coexiste. Est-ce qu'il y a une interaction commune, continuelle? Est-ce qu'une nouvelle culture émerge de ce statut de province officielle ? Je ne crois pas. On a la culture acadienne qui est la nôtre et qui est très vivante, et la culture anglophone du Nouveau-Brunswick. »

L'entretien se déroule dans les locaux du quotidien, à Moncton. On prépare dans les prochains jours une grande manifestation pour l'affichage en français. Pour les Acadiens, le bilinguisme n'est pas une affaire réglée. Les commerçants, ici, n'appliquent pas ce principe. Ils le contournent ou l'ignorent. « Est-ce qu'on sent une présence française à Moncton, la capitale des institutions acadiennes du Nouveau-Brunswick ? Si tu n'es pas à l'hôpital Georges-L.-Dumont ou sur le campus de l'Université de Moncton, tu ne la sens pas du tout, la réalité francophone. C'est un peu pour ça que les militants disent qu'il faut que ça aille plus loin ! Les Acadiens sont présents au conseil municipal, dans les organismes publics, dans le milieu universitaire... Cette présence n'est pas que culturellement riche ; elle génère une économie importante. On veut que les commerces affichent davantage cette réalité. »

Comment cette pression pour le bilinguisme réel, *de facto*, est-elle reçue par le milieu des affaires et les élus ? Plutôt froidement, selon Cyr. « On entend des arguments comme : “On ne peut pas imposer ça aux immigrants ! Ça brime leur liberté d'expression. C'est leur commerce, c'est leur argent ; ils peuvent afficher dans la langue de leur choix.” C'est le genre d'argument qu'on entend beaucoup depuis que des militants ont amené ça au conseil municipal et que le conseil municipal s'est prononcé sur la question. »

Le militantisme pour le respect des droits des francophones, au Nouveau-Brunswick, est timide, pour le moins. On sent même chez les plus convaincus une certaine hésitation à revendiquer des pouvoirs en matière linguistique. Un peu comme si on avait peur. Une peur marquée par ce qu'on appelle ici le Grand dérangement – nous en reparlerons bientôt.

Le Nouveau-Brunswick doit-il être ce qu'il est officiellement, soit une province bilingue ? Pas pour tout le monde. L'Anglo Society of New Brunswick est un groupe d'anglophones qui demeurent farouchement opposés au fait français dans cette province. « Les gens qui sont vraiment agressifs à l'égard des droits des Acadiens et qui regrettent le temps où c'était unilingue anglophone, on les appelle les dinosaures. C'est une réalité. Il y a une partie de la population au Nouveau-Brunswick qui pense encore de cette façon, même si ça fait 40 ans que le pays et la province sont bilingues. Il y a des dinosaures au conseil municipal de la ville de Moncton. Des conseillers qui sont contre le bilinguisme. Eux, ils n'ont jamais accepté que la ville de Moncton devienne bilingue. Pour eux, c'est un mal nécessaire », plaide M. Saint-Cyr.

Le Québec est-il perçu comme un allié des Acadiens ? Non. « Vu d'ici, nous comprenons depuis longtemps que ce qui prime au Québec, ce sont les intérêts du Québec. Ce qui prime pour les Québécois, c'est l'intérêt des Québécois. Pas de compromis. »

Des séparatistes fédéralistes

« Pourquoi le Canada est-il bilingue ? », se demande Jean Saint-Cyr. Selon lui, c'est parce qu'il y a une communauté francophone, québécoise, qui a plus ou moins imposé la langue française au Canada. C'est comme ça que les anglophones voient ça, argue-t-il. « S'il n'y avait pas le Québec, on ne serait pas bilingues aujourd'hui, on n'aurait pas tous ces problèmes-là. D'ailleurs, ça n'a rien réglé d'être un pays bilingue, puisque les Québécois veulent encore se séparer. »

Toutefois, les francophones de tout le pays, y compris ceux du Québec, sont des citoyens à part entière au Canada. Parfois, les Acadiens se considèrent ainsi plus comme des Canadiens que comme des Néo-Brunswickois. S'il leur venait envie de se séparer, ce serait pour s'affranchir du gouvernement provincial… et demeurer fidèles au Canada.

Il y a eu un mouvement séparatiste au Nouveau-Brunswick : le Parti acadien a été fondé à la fin des années 1960 par des intellectuels se réclamant de cette identité. » Même si certains de leurs propos n'étaient pas vraiment bien branchés sur la réalité de nos régions ici, ce qu'ils avaient à dire avait une résonance chez beaucoup d'Acadiens », relate le journaliste, fort loquace.

Les débuts ont été modestes. Puis, dès les années 1970 et jusqu'à l'élection de 1982, le nombre de votes a augmenté. « Il y avait de plus en plus de personnes crédibles qui venaient faire croître le mouvement. Toutes les tribunes étaient bonnes pour faire valoir aux Acadiens la validité de la démarche du Parti acadien.»

Cette démarche, Saint-Cyr la résume ainsi: «Au lieu de se battre pour essayer de faire notre place dans cette province-ci, étant donné l'attitude qu'on voit chez nos concitoyens anglophones, on préfère avoir notre propre province. Alors... voici notre projet... Le nord de la province, on le coupe; on scinde le territoire du Nouveau-Brunswick en deux, la province acadienne au nord et la province anglophone au sud.»

Le Parti acadien était-il séparatiste? «Séparatiste, oui. Mais pour s'affranchir de la province tout en demeurant au Canada. C'était une façon de dire: Nous, les Acadiens, on est suffisamment nombreux, on veut avoir notre province; on veut être une partie prenante de la Confédération, puisque nos concitoyens au Nouveau-Brunswick ne semblent pas nous accepter. On pense que, collectivement, on serait mieux représentés comme peuple dans le système fédéral du Canada.»

Et qu'est-ce qui est arrivé? «La situation au Canada a évolué; celle du Nouveau-Brunswick aussi. Le gouvernement en place en 1982 a mis en avant son fameux projet de loi 88, qui disait essentiellement que chaque groupe linguistique aurait le droit absolu de gérer lui-même ses institutions. Une autonomie nous était concédée dans les domaines de l'éducation et de la santé...»

Jean Saint-Cyr a eu l'occasion de débattre de sa position en 1978 devant le premier ministre du Québec, René

Lévesque lui-même. L'homme politique participait à une fête sous le thème « Retour aux sources ». En pleine conférence de presse, Saint-Cyr lui présente son plan. « Au Nouveau-Brunswick, a-t-il dit, les Acadiens aussi ont un projet collectif. Il ressemble un peu au vôtre, mais est très différent sous certains aspects. Nous ne voulons pas sortir du Canada ; nous voulons y entrer en tant que collectivité. Est-ce que le Québec serait favorable à cette option ? Est-ce que nous pourrons compter sur le Québec pour appuyer ce projet collectif acadien ? »

Le premier ministre avait démontré un certain embarras, se souvient le journaliste. « On venait brouiller les cartes dans la communauté francophone, dans le sens que c'est vrai, ce projet collectif-là acadien était réel. Aussi réel que le projet souverainiste du Québec, mais ce n'est pas ce que voulait entendre M. Lévesque. Il aurait aimé qu'on appuie son projet sans qu'il ait, lui, à appuyer le nôtre. C'est un peu contradictoire. Nous, on voulait se joindre à la Confédération canadienne en tant que collectivité, alors que le Québec voulait s'en séparer. »

Cet épisode a pu renforcer l'idée que les Québécois ne s'intéressent qu'à eux. En tout cas, ils expriment rarement des élans de solidarité ou de sympathie à l'égard du destin des francophones hors du Québec. « On se dispute sur beaucoup de sujets au Canada, mais les Canadiens anglais et les Acadiens sont d'accord sur une chose : les Québécois sont des emmerdeurs et des égocentriques ! », s'amuse Guylaine Maroist.

Une nation déportée

À la fin du XVIIe siècle, les provinces de l'Atlantique Nord appartiennent au roi de France. Les villages se nomment Port-Royal, Port-Baleine, La Hève, Port-Rossignol, cap Canceaux; on navigue sur la rivière Saint-Jean et on mouille dans la baie Françoise. Mais ce n'est que temporaire, car l'Angleterre et la France se disputent des territoires depuis quatre siècles. Le nouveau continent est une monnaie d'échange d'une monarchie à l'autre, au gré des victoires et des défaites.

Il y a dans la région quelques milliers d'habitants d'un peuple francophone et catholique, qu'on en viendra à désigner sous le nom d'Acadiens. « Acadie » serait une déformation du mot « Arcadie », d'après une région de la Grèce antique dont le navigateur Giovanni da Verrazzano se serait remémoré les caps en apercevant les côtes américaines au XVIe siècle. En 1690, le général William Phips attaque Port-Royal au nom de l'Angleterre et force les citoyens à porter allégeance à la reine. Mais sept ans plus tard, en 1697, une nouvelle entente entre les métropoles fait passer l'Acadie et le territoire entourant la baie d'Hudson à la France. En 1710, nouvelle conquête anglaise de Port-Royal, qui devient Annapolis Royal, en l'honneur de la reine prénommée Anne.

Cette fois-ci, les dés sont jetés. La région ne sera plus française, sauf pour des régions comme l'île Saint-Jean (future Île-du-Prince-Édouard) et le Cap-Breton (où sera construite la forteresse de Louisbourg), et encore, seulement en partie. Avec le traité d'Utrecht, signé entre la France et l'Angleterre en 1713, l'expression « à jamais » l'évoque sans détour : « Toute la Nouvelle-Écosse, ou l'Acadie avec ses anciennes frontières, ainsi que la ville de Port-Royal et les terres et îles adjacentes, sont cédées à la reine d'Angleterre à jamais[1] », stipule le traité.

L'administration anglaise n'oblige pas les citoyens à modifier immédiatement leurs habitudes de vie. On permet aux francophones d'occuper leurs villages et de pratiquer leur religion. Mais cette liberté n'est qu'apparente. En fait, les Anglais sont les véritables propriétaires des lieux, et le gouverneur de la Nouvelle-Écosse, Richard Phillips, veut faire signer aux Acadiens un serment d'allégeance à la couronne britannique. Mais la majorité des citoyens refusent net. Pour dorer la pilule, on propose de leur donner, en échange de leur signature, un droit à la propriété ; ils pourront de plus pratiquer leur religion. Les Acadiens refusent encore ; ils veulent être exclus de l'effort de guerre si les colonies devaient être envoyées au front.

C'est ici que germe un conflit ethnique qui culminera en 1755 par une décision politique et militaire : la population sera déportée. On déplacera les Acadiens en groupe, par bateau, à divers endroits. C'est le moyen que les Britanniques ont trouvé pour en finir avec le problème acadien. De 6 000 à 7 000 Acadiens sur 13 000

---

1. « All Nova Scotia or Acadia with its ancient boundaries as also the city of Port-Royal, and all other things in these parts witch depend on the said lands and islands… are yelded and made over to the Queen of Great Britain and to her crown forever. »

seront expulsés en 1755. Quelques milliers d'autres subiront le même sort au cours des années suivantes. Des récalcitrants se cacheront dans les bois de façon à éviter l'exil, mais la chasse à l'homme se poursuivra pendant plusieurs années. La guerre d'usure aura raison de la plupart d'entre eux. En 1762, les derniers Acadiens à subir la déportation sont envoyés à Boston. Ils sont 1 300. Le Massachusetts refusant toutefois de les accueillir, ils sont ramenés à Halifax et détenus comme prisonniers de guerre.

La paix arrive avec le traité de Paris, signé en 1764. Les 2 300 Acadiens encore présents dans les Maritimes obtiennent le droit de résidence en Nouvelle-Écosse, au Nouveau-Brunswick et à l'Île-du-Prince-Édouard, mais à certaines conditions. On enjoint aux Acadiens de signer le fameux serment d'allégeance, mais ils doivent, cette fois, accepter de se disperser en petits groupes. L'administration choisit de diviser pour mieux régner. De plus, on leur octroie les plus mauvaises terres de la région.

Que s'est-il passé avec les déportés ? La plupart s'établiront là où le sort les accueillera, d'autres reviendront plus tard s'installer dans leur région natale ou dans les environs. Ceux-ci, ainsi que ceux qui sont restés, vivront dans un climat de peur.

Il y a eu beaucoup d'écrits sur les effets de cette déportation, une décision politique difficilement concevable. « Les Acadiens surpris, dépouillés de leurs armes, sont enchaînés comme des criminels, embarqués pêle-mêle sur des vaisseaux anglais et transportés sur les bords étrangers où les attendent la faim et le dénuement, la persécution et la mort », écrit Pamphile Le May dans sa préface à la traduction du poème de Longfellow.

L'Acadie est demeurée malgré tout et a survécu jusqu'à nous. La plus grande concentration d'Acadiens se trouve aujourd'hui au Nouveau-Brunswick, et ceux-ci tentent de préserver le mieux possible leur histoire et leur culture.

Le Canada reconnaîtra la nation acadienne, et le premier geste concret en ce sens sera fait par le premier ministre Macdonald, en 1885, lorsqu'il nommera un premier sénateur acadien : Pascal Poirier. Pour l'autorité provinciale, la présence de cette importante minorité francophone incitera la province à adopter la Loi sur les langues officielles en 1969. C'est ainsi que le Nouveau-Brunswick est devenu la seule province bilingue du Canada, pays officiellement bilingue... Pas étonnant que des tensions subsistent.

Language War

Y a-t-il un avenir politique pour la communauté francophone des Maritimes ? Nous sommes au lendemain d'une marche pour promouvoir l'usage du français dans l'affichage. L'équipe rencontre les porte-parole d'un groupe de citoyens de Moncton qui milite pour l'égalité des droits linguistiques au Nouveau-Brunswick. Ils n'expriment pas un optimisme démesuré. « Il y a des jours où l'avenir m'apparaît noir, dit Michel Doucet, avocat et militant de la première heure. Quand je vois des jeunes comme ceux dans cette marche et que j'écoute ce qu'ils ont à dire, j'ai une meilleure confiance en la relève.» Le professeur de la Faculté de droit de l'Université de Moncton et directeur de l'Observatoire international pour les droits linguistiques relate ses longues années de militantisme et avoue une certaine fatigue, aujourd'hui. «Parfois, je regrette de ne pas avoir écouté mon prof de droit qui me disait: "Laisse faire les droits linguistiques; va-t'en en fiscalité."»

Marie-Hélène Eddie, doctorante en sociologie à l'Université d'Ottawa au moment de l'entrevue, s'intéresse à la francophonie, aux médias et au féminisme. Elle s'interroge sur la nature des rêves auxquels les Acadiens ont accès. «A-t-on seulement le droit de rêver? Chaque jour, on avance, mais je ne suis pas sûre de ce qu'il y a au bout du chemin. Je ne me permets certainement pas de rêver à un pays comme le Québec peut en rêver. Je ne me permets pas de rêver à une province acadienne non plus. Alors qu'est-ce qui reste? Peut-on rêver d'une meilleure dualité linguistique dans la province?» Elle enchaîne: «On rêve à quelque chose qui nous est dû. Je trouve ça triste que ce soit un rêve alors que ça devrait être la réalité.»

Les Acadiens sont donc plutôt résignés quant à leurs droits linguistiques. Peu de bonnes nouvelles pour la survie de la langue française, même dans l'unique province bilingue du pays bilingue. Malgré les lois, dit Michel Doucet, le Nouveau-Brunswick est moins bilingue que le Québec, où l'on trouve d'innombrables locuteurs qui maîtrisent deux et même trois langues.

En tout cas, les militants ne perdent pas espoir. Étudiant en droit, extrêmement dynamique à Moncton, Martin LeBlanc Rioux a commencé à rassembler des forces autour de sa cause trois ans plus tôt à Dieppe. Objectif: forcer l'affichage bilingue dans cette municipalité de 23 000 habitants qui compte 80 % de francophones. Pétition, fondation d'un groupe citoyen, lobbyisme auprès de groupes de pression. Les actions ont rapporté. En 2010, une loi forçait les commerces à donner une place prioritaire au français. « Là, on se bat pour la même cause à Moncton », dit-il en entrevue. Succès mitigé. « Ils viennent d'adopter une approche fondée sur la sensibilisation. Je ne crois pas que ça va fonctionner. C'est très symbolique, comme si nous demandions à nos élus la permission d'avoir du français dans notre espace public. »

Malheureusement, il y a un coût à ces petites victoires. Les manifestations, poursuit le militant, provoquent une vive réaction dans les milieux opposés aux politiques linguistiques favorisant le bilinguisme. « Il y a un *backlash*, un contrecoup à nos actions. Il y a des porte-parole de la communauté anglophone qui se prononcent désormais contre le bilinguisme officiel. »

Les médias rapportent les événements organisés par les francophones, mais se montrent ouverts lorsque les opposants leur répliquent. Le 12 juillet 2010, jour du dépôt du mémoire des promoteurs de l'affichage bilingue, un groupe de l'Anglo Society of New Brunswick, qui promeut la langue anglaise comme unique langue d'usage, se présente devant l'hôtel de ville. Il brandit des pancartes avec des slogans opposés au bilinguisme. Il n'y a que sept manifestants, mais on les voit dans tous les reportages télévisés. Le *National Post* titre: «*Language War Flares in Moncton.*»

Ces gens-là, dit Martin LeBlanc Rioux, se sentent menacés par la vitalité de la communauté francophone. Mais, en contrepartie, il perçoit du côté des siens une autre peur. Un malaise. La crainte de déranger, de bouleverser l'ordre établi. «Nous, francophones, avons peur de frustrer ou d'offusquer les anglais [*sic*]. On a tellement peur de leur faire peur. Ça remonte à nos racines profondes. Aux racines de l'Acadie. Ça fait seulement 50 ans qu'on peut parler français dans les rues. Ma grand-mère a grandi sur la rue Roots, à Moncton, et mon grand-père sur la rue voisine, Archibald. Ils n'avaient pas le droit de parler français dans la rue.»

D'où vient son sens de l'engagement? Entre autres du fait d'avoir vu son neveu né d'un couple bilingue (sa sœur d'expression française a épousé un anglophone) choisir tout naturellement la langue de Shakespeare. «Dominique, mon neveu de quatre ans, a du mal à parler français. L'anglais, pas de problème; il a la radio, la télévision, les amis. Si la langue française disparaît complètement de l'espace public, il n'aura plus aucun intérêt pour la conserver. L'assimilation, c'est toujours quelque chose de sournois.»

Pour certains militants anglophones favorables à l'unilinguisme, non seulement le français ne serait pas menacé, mais il serait en progression au Canada. Pire, le lobbyisme francophone viserait un grand complot: la transformation du Canada entier en pays unilingue francophone. L'hypothèse peut paraître absurde, mais elle est bien enracinée dans certains esprits. Le complot serait né dans les années 1970 sous l'influence de Pierre Elliott Trudeau. Jock V. Andrew a présenté cette thèse dans un livre publié en 1977: *Bilingual Today, French Tomorrow: Trudeau's Master Plan and How It Can Be Stopped*, soit « Aujourd'hui bilingue, français demain: Le grand plan de Trudeau et comment on peut l'arrêter» (BMG Publishing, 1977). L'auteur est un ancien lieutenant de l'armée canadienne. Ce livre, qui aurait donné naissance au groupe de pression antibilinguisme The Alliance for the Preservation of English in Canada, prétendait que le Canada de Trudeau cachait un plan pour abolir l'anglais dans le pays, avec le soutien des séparatistes québécois.

« S'il y avait complot, signale Martin LeBlanc Rioux, c'est un échec total puisque le taux d'assimilation des francophones, ici, demeure très élevé. À ce rythme, on disparaît vite. »

Le Parti acadien possédait-il la solution, lui qui prônait la création d'une province acadienne, au nord du Nouveau-Brunswick? « C'est une manière de voir les choses; une proposition intéressante. On aurait créé deux territoires au Nouveau-Brunswick: un anglophone, un francophone. Mais il y a plusieurs francophones dans la région anglophone, et inversement. Qu'est-ce qu'on fait avec ces gens? »

De toute façon, aujourd'hui, la situation a changé et « la bataille va se faire sur le plan de la dualité des institutions publiques », croit-il. Les Acadiens chercheront à faire valoir les droits de la gestion en français de certains secteurs de l'administration.

Acadiens d'abord

Au cours d'un entretien avec des musiciens du groupe Radio Radio, en spectacle à Moncton dans le cadre de la marche pour les droits linguistiques, la question de l'identité acadienne revient souvent. Jacques Alphonse Doucet lance à la blague qu'il possède un passeport acadien. C'est vrai ? On veut le voir ! Il le trouve et l'exhibe fièrement. « Ça n'a pas de valeur, précise-t-il. Tu arrives à l'aéroport avec ça et les douaniers te rient dans la face. C'est plus pour dire OK, on a une identité nationale, une nation, un hymne national. On a un drapeau national, mais on n'a pas de territoire. C'est ça, l'Acadie… »

Même si la politique canadienne sur les langues officielles semble mieux convenir à certains revendicateurs, il demeure que leur identité est d'abord et avant tout acadienne, comme l'explique Gabriel Louis Bernard Malenfant. « Moi, je suis acadien avant d'être canadien. Oui, le Canada est un pays dans lequel on peut s'épanouir ; on a des droits et des institutions démocratiques, mais cela ne constitue pas une identité. Bien sûr, je suis heureux de vivre dans ce pays, mais en termes d'identité nationale, je suis acadien. C'est mon identité. »

La marche à laquelle il participe doit réunir des groupes de différentes tendances. Le but : célébrer l'harmonie, la bonne entente entre les deux communautés linguistiques. En principe, personne ne souhaite une manifestation où deux groupes seront confrontés. Oui, il y aura sans doute des gens de l'Anglo Society « pour nous narguer et nous provoquer, poursuit-il, mais si ça tourne comme d'habitude, ils vont juste rester là avec leur café Tim Hortons et leurs pancartes ».

Son dossier à lui : l'affichage. « Je suis le porte-parole du Front commun pour l'affichage au Nouveau-Brunswick. On a préparé des affiches. On va être là avec nos bénévoles et notre monde. Je pense que ça va être très bien. »

Le « sale type »

« Je n'ai rien contre le bilinguisme. Je m'oppose à un État qui force les gens à être bilingues », lance Barry Renouf, porte-parole de l'Anglo Society of New Brunswick.

Cet homme d'affaires, membre du groupe de pression linguistique, accepte de se livrer à visage découvert pour expliquer les fondements de son engagement. Il se présente sous un jour sympathique au moment de tourner l'entrevue. La marche pour les droits linguistiques vient de se terminer, et M. Renouf y était avec d'autres militants pour les droits des anglophones. L'homme avoue à Guylaine Maroist qu'il trouve inacceptable d'être forcé par la loi d'embaucher un employé qui parle français, même dans le cas où la clientèle est entièrement d'expression anglaise. « Seulement parce que mon commerce se situe dans la ville de Moncton », précise-t-il.

M. Renouf affirme recevoir des menaces, par téléphone, de francophones outrés de prendre connaissance de ses positions en matière linguistique. Des gens téléphonent chez lui pour le harceler. « Ils appellent ça des agitateurs. Je déteste les agitateurs », dit-il. Il est le sale type (le *bad guy*, selon ses propres mots) que tout le monde veut avoir à son émission de radio, son débat télévisé, au téléjournal du soir, et même de plus en plus dans les réseaux sociaux. Parce que, tout de même, ses propos font recette. « Ils m'ont transformé en sale type. J'ai même déjà eu la police chez moi. Le maire avait envoyé trois agents de police à ma résidence personnelle. Ils sont venus à 9 h, un dimanche matin ! Pourquoi ? Parce que j'avais osé dire des choses qu'on ne doit pas dire sur la question linguistique. »

Il y a, selon M. Renouf, une réelle pression pour faire de Moncton une ville unilingue française. Qui exerce cette pression ? Impossible à dire, mais cette pression existe. Il la sent bien autour de lui, tous les jours. La preuve ? La radio, la télévision, les journaux... Tout le monde parle des problèmes de la minorité francophone. Qui parle des craintes d'envahissement des anglophones ? Personne.

Les arguments de l'Anglo Society sont peut-être un peu minces, mais ils sont très courants dans les Maritimes. L'identité canadienne ? Très peu pour lui ! « Je ne me sens pas canadien, non. Pas le moins du monde. » Il ne veut pas de ce pays. « Je préférerais l'annexion aux États-Unis plutôt que le *statu quo*. Il n'y a pas de harcèlement contre les gens d'expression anglaise, là-bas.» Le Québec n'occupe pas un espace très doux dans son cœur, on s'en doute. Il décrit les Québécois comme des voleurs d'emplois, même ici, dans les Provinces maritimes, où, prétend-il, on les embauche de préférence aux Acadiens.

L'homme a vécu dans d'autres provinces – l'Alberta et la Nouvelle-Écosse – et c'est pour des raisons commerciales qu'il a dû s'installer au Nouveau-Brunswick. Aussitôt qu'il aura pris sa retraite, il quittera la province. Mais d'ici là, il continuera de militer, même s'il s'attire les quolibets et les insultes à peine voilées de ses compatriotes.

Qu'est-il venu revendiquer à l'occasion de cette marche? «Le droit à l'égalité pour les anglophones», répond-il.

Cela dit, il est pour la séparation du Québec. «Séparez-vous et parlez français. Lorsque ce sera fait, vous n'aurez aucun problème avec nous, les gens de l'Est.»

L'âge d'or de l'Atlantica

Dans un texte paru à l'occasion d'une invitation du *Toronto Star*, en collaboration avec l'Institut du Dominion, l'auteur et professeur de littérature originaire de la Nouvelle-Écosse George Elliott Clarke explique ce qu'il entrevoit pour l'année 2020 dans l'est du Canada. Sa vision futuriste est loin d'être triste et sombre pour les gens des Maritimes. C'est le retour de l'âge d'or de cette région du pays bien dotée en matière de ressources naturelles et de potentiel humain.

« La grande surprise pour la plupart des observateurs étrangers, écrit-il dans son récit de politique-fiction anticipative, c'est que dès que le Québec a voté pour l'indépendance, l'an dernier, le *Rest of Canada* s'est rapidement disloqué en entités régionales. »

Qui donnerait un avenir aux provinces de l'Atlantique après l'éclatement du Canada ? Peu de gens. Durant le débat autour de l'accord du lac Meech et la sécession éventuelle du Québec, même les leaders des Maritimes évoquaient l'annexion aux États-Unis. Pour de nombreux observateurs extérieurs, ces provinces seraient biffées de l'histoire.

Au contraire, soutient Elliott Clarke, l'Atlantica pourrait former une nation à part entière. Avec ses partenaires de la Nouvelle-Angleterre, qui ont maintenu des liens durables et riches à tous points de vue, l'Atlantica compterait 12 millions de personnes et posséderait l'une des 20 premières économies mondiales. « Déjà, plusieurs entreprises d'Atlantica – dont les pétroles Irving, les aliments McCain, Sobeys, les brasseries Moosehead et la nouvelle société d'État Atlantic Petrol – prennent de l'expansion vers la Nouvelle-Angleterre. En même temps, les échanges commerciaux avec la Chine, l'Inde et l'Europe sont en croissance et fracassent des records notamment en matière de transport de conteneurs, par bateau, dans des eaux presque totalement libérées de glaces. Les ports en haute mer d'Halifax et de Saint John, Nouveau-Brunswick, fonctionnent à plein régime. »

« Deux des plus importantes banques du Canada, la Banque Royale et la Scotia, ont été fondées en Nouvelle-Écosse, une province qui a aussi vu naître 10 universités, dont 6 dans la capitale, Halifax », souligne l'auteur. Il rappelle également que la Faculté de médecine de l'Université Dalhousie avait surclassé celle de Harvard dans un concours et qu'elle était la seule à figurer parmi les 10 meilleures du continent. Cette tradition d'excellence et de soutien pour les établissements d'enseignement supérieur demeure dans la nouvelle configuration nationale, et l'Atlantica continue de briller dans le monde de la science et de la formation universitaire. L'innovation, la recherche et l'enseignement sont des notions valorisées. L'immigration permet d'intégrer des cultures étrangères dans ses écoles supérieures. On y parle chinois, indien et espagnol, en plus du français et de l'anglais. La prospérité marque la création des entreprises de nouvelles technologies où on sent la créativité, le dynamisme et l'énergie des jeunes nations. « Voilà pourquoi on verra renaître cet âge d'or en Atlantica », conclut-il.

L'espoir fait vivre, comme dit le proverbe.

DEUXIÈME PARTIE

L'OUEST

Un train pour l'Ouest

Le premier train qui traverse le Canada d'est en ouest part de la gare Dalhousie, à Montréal, le soir du 28 juin 1886, et arrive aux environs de Vancouver, le 4 juillet suivant[1]. C'est, aux yeux de plusieurs historiens, le véritable acte de naissance du pays, car cet exploit technique matérialise enfin l'idée d'une confédération de plusieurs provinces que tout semblait séparer, à commencer par la distance géographique. Ce premier voyage a lieu presque 20 ans après le jour un de la Confédération canadienne, le 1er juillet 1867.

Dans les livres d'histoire, on ne dit pas toujours que, sur leur route, les promoteurs du chemin de fer doivent affronter des séparatistes qui ne partagent pas cette vision d'un Canada uni entre deux océans. Pour les élus,

---

1. Sur Internet, on peut désormais commander un billet de train Montréal-Vancouver sans bouger de chez soi. Plusieurs départs par semaine, 12 mois par année. Le trajet de 4 600 kilomètres prend 4 jours, environ 18 heures, excluant des escales. Il y a 125 ans, les principaux moyens de transport étaient encore le bateau et le cheval… Rares étaient les voyageurs qui se risquaient jusqu'à la côte ouest du continent, sauf s'ils avaient l'intention de s'y installer pour de bon.

cet obstacle est un enjeu majeur. Certains militants sont prêts à mettre leur vie en jeu pour contrer ce projet fou. Louis Riel, le Métis du Manitoba, est le plus connu d'entre eux.

Sur un autre front, un ennemi menace les pionniers de la locomotive : la corruption. Elle fera de nombreuses victimes, incluant le premier ministre lui-même. John A. Macdonald, dont l'image de noble bâtisseur a survécu jusqu'à nous, est prêt à tout pour voir son rêve d'un train unificateur se réaliser. Il n'est pas blanc comme la neige du Canada. On le soupçonne d'avoir accepté des chèques favorisant des entreprises privées. Un mot manuscrit enjoint à ses partenaires de livrer rapidement sa commission… Ces accusations enfleront jusqu'à ce qu'il démissionne. Il reviendra au pouvoir après quelques années de purgatoire.

On imagine mal, de nos jours, à quelle démesure s'expose le projet de construction de ce ruban de milliers de kilomètres de voies ferrées au XIXe siècle, dans un pays obstrué par une chaîne de montagnes réputée infranchissable. Selon Bibliothèque et Archives Canada, il aura fallu 12 000 hommes, 5 000 chevaux et 300 équipes en traîneaux à chiens pour bâtir ce chemin de fer. Le tracé, le plus long du monde, franchit d'innombrables rivières, lacs, monts et collines. Par exemple, le col Kicking Horse, dans les Rocheuses (désigné lieu historique national en 1971), oblige un parcours périlleux près de chutes imposantes. Pour faire passer les trains, il faut construire une section de sept kilomètres sur une pente quatre fois plus raide que celle que le code de construction de l'époque recommande. Pour ralentir les convois, des dispositifs spéciaux sont mis au point. Mais ce système n'est pas sans faille. Après l'entrée en opération de ces rails, des accidents sérieux se produisent sur ce tronçon, et se poursuivront tant qu'on n'aura pas réglé définitivement la question, au début du XXe siècle.

Autre exemple : la chaîne de montagnes Selkirk, jugée névralgique pour permettre le tracé vers l'ouest, pose un tel défi que la compagnie promet 5 000 $ à celui qui trouvera une route. Un géomètre, Albert Bowman Rogers, y consacre toute son énergie et parvient à découvrir un passage. En reconnaissance, l'entreprise donne son nom au tronçon, devenu le col Rogers.

La construction du chemin de fer marque l'identité canadienne comme la conquête du Far West pour les États-Uniens. On y rencontre ses politiciens lyriques et convaincants, ses entrepreneurs ambitieux et ses exploitants sans scrupule. Il y a aussi au rendez-vous de petits caïds et des bandits de grand chemin. La loi ? Elle existe bien quelque part, mais on ne l'applique pas toujours. Il y aura manipulations, confrontations, tiraillements qui feront des gagnants et des perdants. Comme chez nos voisins du Sud, les pionniers ont du sang sur les mains, particulièrement en ce qui concerne les relations avec les Premières Nations qui paieront le gros prix de la colonisation : maladie, dépossession, transformation du mode de vie. Un historien de Regina, James Daschuk, avance que Macdonald a sciemment provoqué une surchasse de bisons des Prairies afin d'affamer les autochtones de l'Ouest. « L'administration de Macdonald fait alors en sorte que ces hommes dépendent entièrement des rations qu'on leur donne dans des réserves. En cas de soulèvement ou de protestation, les autorités n'ont qu'à supprimer les maigres rations. Elles ne se gênent d'ailleurs pas pour le faire », une politique soutenue par le gouvernement qui entraîne « une soumission aussi rapide qu'incroyable », relate le chroniqueur du *Devoir*, Jean-François Nadeau[2]. Ironie de l'histoire, James Daschuk, l'auteur de *Clearing the Plains* a reçu un prix de la Société historique du Canada pour son livre qui dénonce cette politique de la famine. Le prix Sir John A. Macdonald.

Entre-temps, la construction avance. On manque toutefois vite de main d'œuvre pour mettre, une à une, les traverses. Les bureaux de représentation du Canada à l'étranger font un travail de recrutement auprès des travailleurs sans emploi. On tente d'attirer des immigrants de différentes origines, qui seront ensuite littéralement exploités dans des chantiers hautement insalubres. Les Chinois, décrète-t-on, devront payer une taxe spéciale de

2. Jean-François Nadeau, « Faux-monnayeur », *Le Devoir*, 9 juin 2014. Le chroniqueur raille aussi la dévotion toute canadienne à leur père fondateur. « On trouve des statues de Macdonald en bronze froid d'un océan à l'autre, écrit-il. Celle de Montréal, montée sur un piédestal, vient d'être restaurée au coût de 436 000 $. En 2002, elle avait été décapitée le jour anniversaire de la mort de Riel. Ce monument s'élève [à Montréal] place du Canada, autrefois le square Dominion, exactement où se trouvait auparavant un champ d'osselets : ici furent ensevelis, dans une fosse commune, les patriotes pendus de 1837-1838. »

50 $ pour avoir le droit d'immigrer. Et on leur refusera longtemps le droit de vote ! « Les cheminots du Canadien Pacifique, dit un site du gouvernement canadien, étaient pour la plupart des immigrants d'Europe ou de la Chine qui gagnaient moins de 2 $ par jour ; ils étaient moins bien rémunérés que les autres ouvriers et on attendait d'eux qu'ils exécutent les travaux les plus dangereux, comme le dégagement de la route. Comme la dynamite était plus coûteuse, les équipes de construction se servaient de nitroglycérine, un explosif moins stable, pour le dynamitage. Nombre de personnes périrent, et celles qui survécurent vivaient dans des conditions sordides avec un salaire de crève-faim[3]. »

Plusieurs travailleurs laisseront leur vie le long du chemin de fer. Les accidents sont nombreux, et la maladie les menace. On calcule qu'à un certain moment il meurt un travailleur par kilomètre.

Pourquoi cette voie ferrée interminable ? Pourquoi se donner un objectif aussi démesuré ? Pour matérialiser l'idée d'un pays uni, d'un océan à l'autre, comme le dit un verset du livre des Psaumes de la Bible (chapitre 72, verset 8) : *Et dominabitur a mari usque ad mare, et a flumine usque ad terminos terrae* (« Son empire s'étendra aussi d'un océan à l'autre, du fleuve aux confins de la terre »). La devise, tirée d'une partie du verset (*A mari*

3. Parcs Canada, « Lieux historiques nationaux dans les parcs nationaux des montagnes – Lieu historique national du Canada du Col-Kicking Horse », www.pc.gc.ca/docs/v-g/pm-mp/lhn-nhs/kickinghorse_f.asp.

usque ad mare) sera utilisée pour la première fois officiellement en 1906 et sera alors gravée sur la tête de la masse de l'Assemblée législative de la nouvelle province de la Saskatchewan[4]. Elle a été officiellement adoptée en novembre 1921 pour accompagner les armoiries du pays.

Si le train n'est pas le moyen de transport préféré des Canadiens au début du troisième millénaire, il y a un siècle et demi, le cheval de fer puissant et rapide symbolisait l'idéal de la modernité. C'était le progrès et la civilisation qui gagnaient, mille après mille, sur les forêts et la nature indomptable. Le tracé d'un chemin de fer passant par un village représentait une assurance prospérité pour des générations à venir. Il permettait non seulement le transport des personnes, mais aussi et surtout celui de la marchandise. C'était la rapidité d'un cheval de fer qui venait ravir les contrats accordés jusque-là, faute de mieux, aux bateaux, voire aux coureurs des bois. On repoussait la limite de l'occupation humaine et on assurait sa survie et sa dispersion dans le Nouveau Monde.

Il fallait un défi démesuré et une valeur ajoutée aux beaux discours des fédéralistes pour convaincre les gens de l'Ouest d'adhérer au projet de voies ferrées transnationales. Il n'est donc pas surprenant que, lorsque la Colombie-Britannique accepte d'étudier l'offre d'adhésion à la Confédération, elle impose comme condition

---

4. La traduction en anglais de ce verset, *He shall have dominion also from sea to sea, and from the river unto the ends of the earth*, prend tout son sens quand on sait que l'ancienne colonie a pris le nom de Dominion du Canada en 1867.

qu'on l'unisse au reste du continent par un chemin de fer. C'est une condition extrêmement audacieuse pour l'époque. Le défi est lancé ; aux politiciens de l'honorer.

C'est le premier ministre Macdonald qui actionne le compte à rebours. Malheureusement pour lui, des soupçons de corruption lui coûtent son poste, et il doit se faire oublier un moment avant de revenir au pouvoir en 1878. Entre-temps, le chantier a pris du retard et on sent le besoin de confier le projet à l'entreprise privée. La Canadian Pacific Railway Company, fruit d'une alliance d'hommes d'affaires canadiens d'origine écossaise, naît dans ce contexte le 16 février 1881.

Sir John est à bord

Certains comparent la construction du chemin de fer canadien à la conquête spatiale, qui surviendra un peu moins d'un siècle plus tard. À l'époque, c'est une idée de grandeur dont on n'est pas certain qu'elle puisse un jour se réaliser. Une idée folle. Seul un homme déterminé et charismatique peut la porter aux quatre coins du pays et la défendre jusqu'au dernier clou. Lorsque le dernier tronçon est achevé, le 7 novembre 1885, c'est la gloire pour Macdonald.

Cet homme est encore reconnu comme l'un des plus ardents défenseurs du fédéralisme canadien. Depuis 2002, on souligne le 11 janvier l'apport de cet « homme d'État et patriote », et des activités se tiennent en son honneur dans des centaines d'écoles primaires du pays. « Des enseignants et des responsables de jeunes profitent de cette journée pour [leur] transmettre [...] tout ce qu'il y a à savoir au sujet de notre premier premier ministre ainsi que [de] son rôle à la fondation de notre pays », dit le site de Patrimoine Canada.

Le 15 août 2012, le ministre des Affaires étrangères du gouvernement du Canada, le conservateur John Baird, alors également ministre responsable de la Commission de la capitale nationale, annonce que la promenade des Outaouais sera renommée en l'honneur de John A. Macdonald. « Il est tout à fait approprié que la promenade panoramique de la capitale soit nommée en l'honneur de sir John A. Macdonald, une figure dominante parmi les Pères de la Confédération », déclare Baird en conférence de presse pour souligner les 145 ans de son élection à titre de premier ministre du Canada, « un poste qu'il a occupé avec grande distinction pendant près de deux décennies ».

Le réseau de plus de 90 kilomètres de promenades panoramiques de la région d'Ottawa « fait partie de l'identité de la capitale et offre des paysages magnifiques aux résidants et aux visiteurs, tout en reliant les principaux sites historiques et attraits touristiques », dit le communiqué. Ce qu'il ne dit pas, c'est que cet événement provoquera un malaise dans les milieux politiques, car l'image de sir Macdonald n'est pas aussi étincelante que le ministre Baird le laisse entendre. Au contraire, son héritage est terni par l'attitude que le premier ministre avait envers les minorités ethniques. On le mentionnait plus tôt, les immigrants chinois, notamment, étaient à ses yeux des citoyens de seconde zone.

C'est pourtant contre les séparatistes de son propre pays que Macdonald se montrera le plus intransigeant.

Le président de la terre de Rupert

Malgré les montagnes à contourner, les cours d'eau à enjamber et les multiples défis techniques que les constructeurs doivent relever, le chemin de fer avance peu à peu. Mais en 1869, un premier véritable obstacle majeur se dresse devant les promoteurs. Il n'est pas d'ordre géographique ou climatique. C'est un obstacle humain, avec lequel il faut composer rapidement, au risque de voir les locomotives s'arrêter avant la Saskatchewan. Bienvenue chez les Métis !

Sur les rivages de la rivière Rouge, dans ce qui s'appelle aujourd'hui le Manitoba, vivent au XIXe siècle quelque 100 000 Métis, soit des descendants de colons qui se sont assimilés aux nations autochtones. Les Métis sont issus de deux groupes de commerçants de fourrures : des Écossais travaillant pour le compte de la Compagnie de la Baie d'Hudson et des employés des compagnies de Montréal, ceux qu'on appelait les voyageurs, ou coureurs des bois, principalement francophones. Les hommes prenaient l'habitude des grandes forêts de l'Ouest et finissaient par ne plus revenir chez eux. Plusieurs s'unissaient à des Amérindiennes et y fondaient des familles.

À la différence de la grande majorité des citoyens du Canada qui ont du sang amérindien coulant dans leurs veines sans en faire un élément identitaire, les « sangs mêlés » de la rivière Rouge forment un peuple ; du moins en ont-ils le sentiment. Après tout, ils ont une langue (le français), une religion (catholique) et une terre communes. Enfin, ils ne possèdent pas exactement la terre où ils vivent, mais ils se sentent chez eux dans cette région, car ils y résident depuis plusieurs générations.

Le train, ils n'en veulent pas ! Ils estiment que ce nouveau moyen de transport ne leur apportera rien de mieux que ce qu'ils possèdent déjà. Ce qu'ils souhaitent ? Peu de chose, en vérité. Les Métis sont des gens simples qui vivent de chasse et de pêche ; ils font un peu d'agriculture. Surtout, ils se sentent chez eux autour de la rivière Rouge.

Le Canada, lui, tient mordicus à son train. Pour régler le cas de ces protestataires, le gouvernement de John A. Macdonald choisit la colonisation. Son administration autorise les anglophones de l'Ontario à s'installer dans la région de la rivière Rouge, sans égard pour les droits ancestraux des habitants en place. Grâce à des droits d'accès concédés par le gouvernement central, la région se peuple d'alliés du cheval de fer.

Dans sa biographie de Louis Riel[5], Sharon Stewart place le lecteur devant les premières interventions des arpenteurs mandatés par le gouvernement central pour documenter les lots. Des groupes de citoyens métis

---

5. Sharon Stewart, *Louis Riel: Un homme de feu*, Montréal, XYZ, 2009, traduction d'Hélène Rioux.

entravent leur travail et les forcent à quitter les lieux. Ils obtempèrent, mais reviendront plus tard, escortés par des forces de l'ordre.

Deux systèmes s'affrontent. Celui des habitants qui considèrent ces terres comme les leurs. Celui du gouvernement fédéral, naissant, qui considère comme légitime d'imposer ses droits de propriété.

Les Métis n'entendent pas se laisser faire et multiplient les assemblées publiques. Ils décident de former un gouvernement provisoire pour s'opposer au projet de Macdonald. Ils élisent à leur tête cet homme de haute stature, doué pour haranguer les foules, Louis Riel[6]. Le gouvernement fédéral ne reconnaît pas cette autorité, et l'affrontement est inévitable. Riel sera le chef des rebelles qui prendront les armes devant l'envahisseur. Comme chef, il aura un succès colossal, mais il fera aussi des erreurs qui lui coûteront cher. Très cher.

Pour bien comprendre cet épisode tragique de l'histoire canadienne, qui culmine par la pendaison de Louis Riel pour haute trahison le 16 novembre 1885, il faut revenir sur ce personnage qui a été perçu comme un héros et un martyr par certains, comme un leader dangereux ou encore un fou et un illuminé par d'autres.

---

6. Via Rail, le transporteur ferroviaire de passagers, évoque les grandes dates du chemin de fer canadien sur son site web et mentionne l'opposition des Métis. Mais, en date du 4 juillet 2014, il garde sous silence la pendaison de leur chef, Louis Riel, survenu en 1885.

Qui est-il ? Fortement associé aux sangs mêlés dont il se réclame haut et fort, Riel est en réalité beaucoup plus blanc qu'amérindien. Descendant de familles d'origine européenne – un seul de ses grands-parents était autochtone –, ses racines dans les Prairies ne sont pas très profondes. Son père a lui-même passé la majeure partie de sa vie au Québec.

Adolescent, le jeune Louis quitte Saint-Boniface pour Montréal, où il entre au pensionnat dans l'intention d'y recevoir une formation religieuse. Mais si la piété demeure présente chez lui jusqu'à son dernier souffle, la vocation de prêtre lui échappera de justesse; après sept années d'études chez les Oblats, au Petit Séminaire (aujourd'hui Collège de Montréal), il tombe amoureux d'une jeune femme nommée Marie-Julie Guernon. Il est expulsé du collège en 1865, à quelques mois de l'obtention de son diplôme. Il vivra assez mal cet échec, car il sait que ses parents ont fait des sacrifices pour lui permettre d'étudier… Cet épisode pourrait expliquer ses choix futurs ; le fait d'accompagner son peuple vers la liberté aurait été une sorte de rédemption.

L'histoire de cet homme vaillant et brave tient du roman à plusieurs égards. Devant les foules, il affiche de l'autorité tant dans la langue de Shakespeare que dans celle de Molière. Il parle aussi, couramment, la langue crie. Exceptionnellement scolarisé pour un homme d'origine pauvre (un legs de sept années d'études au pensionnat), il est aussi fortement imprégné de foi chrétienne. En réalité, ses convictions religieuses l'enivreront jusqu'à la folie, mais elles passent encore pour de l'inspiration à l'époque de la première rébellion de la rivière Rouge[7].

La signature d'un pacte convenu entre le gouvernement central et la Compagnie de la Baie d'Hudson déclenche la guerre de la rivière Rouge[8]. Nous sommes en 1868, et le Canada vient d'acquérir la terre de Rupert des mains des marchands qui ont fait leur fortune durant la traite des fourrures. Comme s'il s'agissait d'une simple transaction immobilière, la Compagnie de la Baie d'Hudson cède son territoire au gouvernement fédéral. Celui-ci est alors peuplé d'Amérindiens et de Métis, mais ni les uns ni les autres n'ont en main de titres de propriété qui auraient une quelconque valeur légale. Ils ne font qu'occuper les lieux, parfois depuis plusieurs générations. Lorsqu'ils voient arriver des arpenteurs qui découpent méthodiquement leurs terres en lopins, des émotions autonomistes se révèlent. Fait étonnant, leur allégeance à la couronne britannique semble inébranlable; c'est le gouvernement fédéral qui est leur cible.

---

7. Thomas Flanagan, *Louis Riel*, Brochure historique n° 50, Ottawa, Société historique du Canada, 1992, p. 3-4. L'auteur ne fait pas consensus. Membre de l'école de Calgary, il adopte une approche révisionniste de l'histoire des Amérindiens. Il considère ceux-ci comme les premiers immigrants américains. Ses travaux alimentent la rhétorique conservatrice qui refuse aux Premières Nations leurs aspirations aux droits territoriaux. Il insiste beaucoup, dans cette courte biographie, sur le messianisme un peu illuminé, voire complètement aliéné, de Riel.
8. À ne pas confondre avec la rébellion du Nord-Ouest, qui éclatera 15 ans plus tard, en 1884.

Riel réclame une reconnaissance distincte pour sa région. Il obtiendra gain de cause, en partie, puisque le Manitoba naîtra de ces pressions. On considère encore aujourd'hui Riel comme le fondateur de la province.

Le 11 octobre 1869, Louis Riel et un petit groupe de manifestants – avec l'appui de l'église locale – barrent la route à un groupe d'arpenteurs dans la région de Saint-Vital. Dans les jours qui suivent, les Métis s'emparent de Fort Garry. Lorsque le gouverneur entre dans la colonie, le 1er décembre, pour lire une déclaration confirmant le transfert de la terre de Rupert au gouvernement canadien, la tension est à son comble. Une semaine plus tard, Louis Riel rend publique la Déclaration du peuple de la terre de Rupert et du Nord-Ouest. Cette déclaration dit que « la population de la terre de Rupert a le droit de se gouverner elle-même parce que la Compagnie de la Baie d'Hudson l'a abandonnée et que la terre de Rupert ne peut être vendue sans son consentement[9] ».

En d'autres termes : les Métis sont maîtres chez eux !

Louis Riel est un authentique séparatiste. Son objectif est de créer un gouvernement capable d'affirmer l'indépendance de la terre de Rupert (le Manitoba actuel) et des Territoires du Nord-Ouest.

Homme costaud, droit comme un chêne, Riel est, dans l'esprit du temps, le meilleur leader qu'on puisse trouver pour tenir tête à John A. Macdonald. Le premier

9. Thomas Flanagan, *op. cit.*, p. 8.

ministre traverse sa première crise où l'unité canadienne est menacée par un soulèvement régional et il entend bien la mater. Macdonald est dans une position embarrassante, car un conflit ouvert contre les Métis, qui tournerait mal, pourrait amener ceux-ci à décider de s'annexer aux États-Unis. Les frontières canadiennes auraient alors une grande blessure dans leurs flancs.

Des réunions sont organisées, et des foules passionnées se massent dans les assemblées publiques. Le 8 décembre 1869, on forme un gouvernement provisoire. Louis Riel est élu chef dès le lendemain. En janvier et février 1870, un ballet diplomatique intense se déroule entre des émissaires du gouvernement canadien et Fort Garry, où se retranchent les rebelles. On essaie de s'entendre sur un certain nombre de points, dont la création d'un gouvernement qui parlerait au nom de la collectivité métisse avec ses interlocuteurs canadiens.

Il faut croire que les négociateurs sont convaincants, car on s'entend sur les grands principes, et une convention est signée par les deux parties ; la plupart des demandes de Riel y sont inscrites. Le chef métis est au sommet de sa gloire. Le 27 décembre 1869, il est élu président de la terre de Rupert.

Malheureusement, au même moment, des anglophones des environs font connaître leur allégeance à la cause canadienne et refusent l'autonomisme de Riel. Ils s'unissent et fomentent diverses activités visant à affronter les rebelles. Aussitôt informé de cette menace, Riel fait arrêter les chefs de ce mouvement d'opposition.

L'une de leurs têtes dirigeantes, Thomas Scott, subit un procès sommaire où sept jurés le jugent coupable d'avoir enfreint l'autorité du gouvernement provisoire et de s'être insurgé contre ses gardes; cinq d'entre eux le condamnent à la peine capitale. Il est fusillé par un peloton d'exécution. Nous sommes à l'aube du 4 mars 1870.

Cette exécution d'un opposant avoué de Riel passera à l'histoire comme sa plus grave erreur. Une bourde dont il ne se relèvera jamais. Elle «a provoqué un tel ressac partout dans le Canada que Riel n'a jamais pu jouer son rôle naturel de chef et de porte-parole des Métis dans les milieux politiques canadiens», commente l'historien Thomas Flanagan. Il était inutile de fusiller Scott puisque la question de la reconnaissance du gouvernement métis était acceptée par le gouvernement canadien. Le sang de Scott a sûrement desservi la cause du chef métis… et sa mémoire.

Malgré tout, durant les mois suivant cette bavure, le chef demeure adulé par les Métis. Il obtient l'adoption, le 15 mai 1870, de la Loi sur le Manitoba. Une certaine autonomie est accordée aux représentants locaux, mais le gouvernement fédéral aura la maîtrise du territoire, ainsi que le droit d'y construire un chemin de fer.

La terre de Rupert, qui couvrait jadis un tiers de la superficie actuelle du pays, soit tout le bassin versant de la baie d'Hudson, entre la Saskatchewan et le Québec, en incluant des parties du Nunavut et des États-Unis, est vendue en 1870 à Ottawa. On en fera les Territoires du Nord-Ouest et le Manitoba.

Durant les mois suivants, les tensions ne s'apaisent pas, car des Ontariens demeurent extrêmement hostiles au chef métis qui a fait fusiller leur compatriote. John A. Macdonald lui-même autorise l'envoi d'une troupe de soldats chargés de « renforcer l'autorité canadienne dans la nouvelle province ». On ne veut pas officiellement renverser le gouvernement provisoire, mais on veut souligner qui est désormais le maître des lieux.

Après une mission éprouvante à travers des forêts inhospitalières, les soldats s'introduisent dans la communauté alors que de nombreux Métis sont à la chasse d'été. Avisé le 23 août de la présence d'adversaires bien armés, Louis Riel craint d'être capturé, voire lynché s'il reste sur place. Alors qu'une garnison pénètre par la porte nord, il prend la fuite par la porte sud de Fort Garry.

S'entame alors un premier exil vers les États-Unis. Mais le chef n'est pas loin de son peuple, et on sait qu'il franchit la frontière à de nombreuses reprises afin de garder le contact avec ses hommes. En 1872, Riel est encore très populaire dans son pays, même s'il n'y apparaît que sporadiquement. Cette popularité le sert. Il décide de se présenter aux élections fédérales de 1873. Riel espère attirer les grâces des autorités par ce geste, mais rien n'y fait. Il demeure une espèce d'ennemi public du fédéralisme canadien. Il laisse sa place au dernier moment au candidat défait de Montréal-Est, George-Étienne Cartier, qui siégera à sa place dans la circonscription de Provencher, au sud du Manitoba.

La nouvelle de sa candidature se répand. Des individus encore sous le choc de la mort de Scott veulent l'intercepter et lui régler son compte. Un mandat d'arrêt est lancé à son endroit en Ontario. Il est finalement élu à la Chambre des communes en 1873, puis réélu l'année suivante, mais il se trouve dans une position insensée : il n'a pas le droit de se présenter au Parlement puisqu'il est recherché par les forces de l'ordre en Ontario.

Fantasque, Riel fera malgré tout acte de présence à la Chambre des communes. Il entre à l'improviste. Le temps de signer le registre des députés, il est déjà reparti. Ni vu ni connu.

Un exil sur commande

Pour l'état-major canadien, Louis Riel est, plus que jamais, un leader embarrassant. En un seul discours, il peut enflammer une assemblée pour l'amener à prendre les armes. La foi des Métis à son endroit semble inébranlable. Le Canada a tout intérêt à le voir disparaître quelques années, le temps que les passions s'apaisent. L'homme politique se fait offrir une enveloppe dans laquelle une somme substantielle a été glissée. L'offre provient de Macdonald lui-même. On ne s'en cache pas : cet argent doit l'aider à assurer sa subsistance… le plus loin possible de l'État canadien.

Pas besoin d'un dessin pour que notre homme comprenne le message. Il est sans le sou et il mange rarement à sa faim. Le pot-de-vin arrive au bon moment. Offre acceptée. Il s'exile volontairement aux États-Unis, dont il obtient la citoyenneté en 1883. Là, il occupe divers métiers. Il devient marchand, mais réalise vite que cette vie n'est pas pour lui. Il rejoint des chasseurs métis de bisons qui sont établis au Montana, avec qui il fait route un moment. Il a vendu ses terres au Manitoba, ce qui lui permet d'envisager un mariage avec Marguerite Monet, une jeune Métisse. Leur vie commune est régularisée en 1882. Deux enfants survivront (Jean-Louis et Marie-Angélique), alors qu'un troisième mourra à la naissance. Il s'engage dans la vie politique américaine et mène campagne pour le Parti républicain. Il enseignera même quelque temps dans le Montana.

Le leader en lui n'est jamais bien loin lorsqu'il constate l'état de dépravation des communautés métisses. L'ours dort, mais d'un sommeil léger. N'y tenant plus, il tente de soulever les chasseurs du Montana pour l'aider à conquérir sa région nordique. Sa cible : tout l'Ouest canadien. Il essaie de rallier à sa cause des figures mythiques du Far West américain : le chef sioux Sitting Bull, les chefs cris Pitikwahanapiwiyin (plus connu sous le pseudonyme de Poundmaker) et Mistahimaskwa (alias Big Bear).

En vain. Les chefs autochtones partagent peut-être les frustrations du Métis canadien, mais n'appuient pas ses méthodes. Riel se voit également refuser par le gouvernement américain sa demande de création d'une réserve métisse dans le Montana.

Pourtant, ces échecs ne le démotivent pas. L'appel de la patrie le hante de nouveau, et il revient au pays de son enfance pour le mariage de sa sœur en 1883. L'année suivante, il prendra part au mouvement de rébellion qui enflamme son peuple et le conduira à l'échafaud.

L'affaire commence en 1884, dans une colonie métisse logée aux abords de la rivière Saskatchewan Sud, où d'anciens chasseurs de bisons sont venus s'établir après la disparition de la ressource. Une délégation invite Riel à la représenter pour des revendications territoriales. Les Métis ne sont pas considérés comme des citoyens à part entière au sein de la Confédération. Reprenant son idée de gouvernement territorial qui avait fait sa gloire 15 ans plus tôt, Louis Riel suggère à ses compatriotes de la rivière Saskatchewan Sud de s'organiser en entité politique. Cette stratégie forcera leur vis-à-vis fédéral à négocier d'égal à égal.

Le Canada n'est peut-être encore qu'un tout jeune pays, il n'en est pas moins versé dans l'art de la guerre. Flairant le soulèvement, le Parlement du Canada crée en mai 1873 un service de police central « chargé d'appliquer la loi dans les territoires de l'Ouest récemment acquis[10] ». C'est l'ancêtre de la Gendarmerie royale canadienne (GRC), basée sur le modèle de la Royal Irish Constabulary, source d'inspiration de Macdonald. Cent cinquante recrues sont envoyées au Manitoba. Le nouveau service de police sera nommé Police à cheval du Nord-Ouest, puis deviendra la GRC, qui compte aujourd'hui 28 000 employés. On peut dire que c'est

---

10. Gendarmerie royale du Canada, *L'histoire de la GRC*, www.rcmp-grc.gc.ca/hist/index-fra.htm.

pour lutter contre le séparatisme de Riel et des siens qu'a été créé le service policier national, un des symboles les plus forts du Canada.

« Sir John A. Macdonald a déjà offert de l'argent à Riel pour qu'il quitte le pays en 1872, mais il n'est pas prêt à le faire de nouveau », écrit Flanagan. Cette fois, ce sera l'affrontement.

Les forces en présence sont démesurées. Des bataillons venus d'Ontario et du Québec feront face à des rebelles désorganisés et mal armés. En dépit de quelques courtes victoires de Riel et ses troupes – dont une bataille dirigée par son lieutenant Gabriel Dumont, dans laquelle des soldats ennemis sont tués et des otages capturés –, les forces fédérales ont vite l'avantage. De plus, les anglophones de la région où se joue cette rébellion sont, au mieux, neutres. Les alliés des Métis – Poundmaker et Big Bear notamment, venus à la rescousse – réussissent à freiner les bataillons envoyés par Ottawa, mais ce n'est qu'un sursis. Quand les soldats prennent le dessus, les rebelles battent en retraite et regagnent la forêt. Les rebelles métis s'enfuient aux États-Unis, mais Louis Riel, lui, se livre tout simplement. Le 15 mai 1885, il rend les armes. Il espère pouvoir présenter sa cause devant un auditoire qui comprendra enfin sa cause. Louis Riel croit que le procès sera une occasion de montrer au reste du monde que les Métis méritent une voix dans le concert des nations.

Les amis de Louis Riel afflueront de partout, y compris du Québec où son image de martyr politique commence à s'amplifier. Le procès ne lui offrira pas l'occasion qu'il attendait. Au contraire, ses avocats invoquent la folie de leur client afin de lui ménager une peine plus légère que celle qu'on réserve aux traîtres : la pendaison. Il n'est pas d'accord avec cette stratégie, mais il n'a guère les moyens d'engager d'autres juristes capables de plaider sa cause comme il l'entend.

Quoi qu'il en soit, cette stratégie ne passe pas auprès du juge Hugh Richardson et des jurés (tous blancs, catholiques et pratiquants) qui prononcent un verdict de culpabilité. La peine capitale s'applique. Même si diverses mesures seront tentées afin de commuer la peine de mort en condamnation à perpétuité, rien n'y fait, et Louis Riel est pendu le 16 novembre 1885 après que le prêtre eut prononcé les mots : « Délivrez-nous du mal. »

« Louis Riel fut un homme aux talents extraordinaires, écrit Thomas Flanagan en conclusion du petit essai qu'il publie sur le chef métis. [...] Par son charisme et son érudition, il pouvait inciter des hommes à l'action en dépit de grands dangers. Il n'est peut-être pas la plus grande figure de l'histoire canadienne, mais il en est sûrement la plus mémorable. »

Le Manitoba rejoint la Confédération le 15 juillet 1870. Il forme la cinquième province canadienne. L'année suivante, la Colombie-Britannique accepte le marché de John A. Macdonald. Mais d'autres séparatistes mettront des bâtons dans les roues au fédéralisme canadien pendant environ... un siècle et demi.

Même le futur premier ministre conservateur canadien, Stephen Harper, militera pour une forme d'indépendance de l'Ouest, jusqu'à ce qu'il se lance dans la conquête de l'Est. Une mission qu'il accomplira au-delà de ses espérances, renvoyant à plus tard les velléités séparatistes de ses partisans.

Comment la Colombie est devenue britannique

La pendaison de Louis Riel a peut-être mis un terme aux prétentions territoriales des Métis le long de la rivière Rouge, mais pas aux mouvements séparatistes du Canada. Un siècle et demi après ce tragique événement, il y a toujours des séparatistes qui veillent ou sommeillent dans les replis du fédéralisme canadien. Jusque dans l'ouest du pays. Plus que jamais.

Des séparatistes en Colombie-Britannique ? Étonnant, surtout lorsqu'on se laisse influencer par les clichés qui collent à cette province. Ce n'est pas dans ce havre de paix qu'on penserait découvrir des révolutionnaires prêts à briser le pays, couteau entre les dents. La population semble en phase avec son immense territoire de lacs et de rivières, de montagnes gigantesques et de côtes océaniques. L'une des personnalités les plus célèbres de la Colombie-Britannique n'est-elle pas David Suzuki ? Ce scientifique et environnementaliste affable et souriant est le saint patron des écologistes.

Que connaît-on de la population de la Colombie-Britannique ? Il nous vient d'abord à l'esprit le caractère californien, *cool*, de cette région. Elle est surtout caractérisée par sa population multiethnique. C'est à Vancouver qu'on trouve le plus grand quartier chinois du pays, de même que le plus vaste quartier indien. Au point où certains croient que l'appellation Colombie-Britannique n'a plus de sens. Pour refléter sa nouvelle réalité, ils suggèrent de la rebaptiser Canasia, Pacifica, Pacific Columbia ou même Mosaika…

Quand Guylaine Maroist se rend à Victoria pour un tournage en septembre 2010, elle remarque que les habitants s'identifient fortement à leur province et semblent peu préoccupés par l'identité canadienne. Le nom qui représente le mieux la province pour ses habitants, en tout cas qu'elle entend le plus souvent, c'est Cascadia.

Le journaliste québécois Jonathan Trudel a constaté la même chose dans un reportage sur la Colombie-Britannique publié en 2009 dans *L'actualité* et intitulé « Bienvenue en Cascadie ». Le journaliste y rapporte les propos de plusieurs personnes qui corroborent les observations de la réalisatrice. Ici, les Britanno-Colombiens sont chez eux ; très peu pour le Canada. Un peu comme chez ces Québécois dont l'identité première va au fleurdelisé plutôt qu'à la feuille d'érable. Ce n'est pas le seul point commun entre le deux régions. « La "Belle Province" et la "Beautiful British Columbia" dépendent encore beaucoup des ressources naturelles, et leur industrie forestière est en crise, écrit Trudel. Elles font partie du Canada, mais ont les yeux tournés vers l'extérieur – le Québec vers l'Europe, la Colombie-Britannique vers l'Asie. Elles sont plus favorables au mariage gai, au droit à l'avortement et aux relations sexuelles avant le mariage que la moyenne des provinces canadiennes. Et elles ont toutes deux une très forte identité[1]. »

Qu'est-ce que « Cascadia », ou comme le désigne son nom francisé, la Cascadie ? Un mouvement qui veut unir la Colombie-Britannique et les États de l'Oregon, de l'Idaho, du nord de la Californie et de Washington, ainsi qu'une partie de l'Alaska. Voici l'hymne national de ce mouvement, tel qu'il a été entendu dans un bar de Victoria.

(sur l'air d'*Ô Canada*)

Ô Cascadie	*Cascadia, Cascadia,*
Là où la pluie est reine	*of ever-present rain*
Ô Cascadie	*Cascadia, Cascadia,*
Les drogues adoucissent notre peine.	*the drugs help ease the pain.*
[...]	[...]
Ô Cascadie	*Cascadia, Cascadia,*
Une faille sous nos pieds	*Oh faultline under me*
Ici tu ne voudrais pas te retrouver	*You wouldn't want to be here*
Quand, dans la mer, on finira par tomber.	*When we fall into the sea*[2].

1. Jonathan Trudel, « Colombie-Britannique : Bienvenue en Cascadie », *L'actualité*, 17 novembre 2009, www.lactualite.com/actualites/politique/colombie-britannique-bienvenue-en-cascadie.
2. Extrait de *Cascadian National Anthem*, paroles de Dan Larocque.

Bien sûr, cette chanson est une fantaisie destinée avant tout à amuser. Mais l'idée de la Cascadie n'est pas nouvelle. Thomas Jefferson, président des États-Unis de 1800 à 1809, avait préfiguré dès 1816 un territoire indépendant unissant des terres de la côte ouest américaine et du Nord canadien actuel.

Au New Amsterdam Cafe de Victoria, l'équipe a rendez-vous avec d'authentiques Cascadiens. « Avec nos compatriotes des États de l'Oregon, de Washington et de la Californie, on pourrait constituer un pays. On se comporte déjà comme un pays séparé », dit l'un d'eux avant de porter une chope de bière à ses lèvres.

En effet, les Britanno-Colombiens semblent différer de l'ensemble de la population canadienne à plusieurs égards. Côté culture, défend un des orateurs, il n'y a guère de différence entre la Colombie-Britannique et l'État de Washington. « Quand on traverse la frontière, les gens et l'environnement sont semblables. Nos modes de vie sont similaires… »

Une femme reprend ce refrain en mentionnant que les jeunes de ce coin de pays fréquentent naturellement Seattle ou San Francisco ; il est courant d'aller aux États-Unis quand on a quelques jours pour soi. Les déplacements vers les Rocheuses ou au-delà sont plus rares. « Nous avons certainement plus de choses en commun avec les gens du sud qu'avec ceux de l'est de notre pays », résume-t-elle.

La première personne que Guylaine contacte durant ses recherches sur les mouvements séparatistes hors du Québec est Dan LaRocque, dont elle a trouvé quelques détails sur son site web. Au téléphone, l'auteur de l'hymne *Cascadia* paraît ultra-sympathique. Graphiste originaire d'Ottawa, il est affable et volubile. Cet artiste bohème raconte qu'il a bourlingué avec des groupes alternatifs dans les années 1990, avant de s'établir en Colombie-Britannique à la fin de cette décennie. Il est tombé sous le charme de la province, mais aussi d'une artiste qui allait devenir sa femme et la mère de ses deux fils. La famille vit maintenant à Victoria. Devant le projet des Productions de la ruelle, il se montre très enthousiaste. Durant l'entrevue, il révèle le contexte de l'écriture de son « hymne ». Et du sentiment de ne pas être connecté avec le reste du Canada.

Il sera un guide-réseauteur de l'équipe, un rôle qu'endossera aussi Ted Dave, un activiste connu pour avoir créé le *Buy Nothing Day*, soit « journée sans achat », célébré ici et là. Au cours de visites guidées improvisées, ils parlent de l'importance de la culture de la marijuana dans la société vancouveroise. Ici, les fumeurs ont rebaptisé la fête du Canada (le *Canada Day*) *Cannabis Day*.

Oui, les gens de l'Ouest en fument, et du bon. Le jour du cannabis, les organisateurs proposent de fournir de l'herbe à tous ceux qui en ont envie. Le drapeau thématique montre un unifolié avec une feuille de marijuana à la place de la feuille d'érable. « Venez célébrer avec nous votre amour du cannabis avec des dizaines de milliers de protestataires pacifiques et venez vous attarder sur place pour profiter des spectacles musicaux, conférences et autres[3]. »

Dans un pub de Vancouver, la discussion est animée ; les deux gaillards parlent longuement des particularités de leur province. Contrairement aux gens de l'Alberta et de la Saskatchewan, ils ne s'offusquent pas de voir leurs boîtes de céréales bilingues. Ils ne s'opposent pas davantage au concept des deux langues officielles. Mais force est de constater que d'apprendre le français est peu utile. Ils s'estiment complètement indifférents aux débats sur les peuples fondateurs et les questions linguistiques. Cela ne les concerne guère. En fait, le français est quasi inexistant en Colombie-Britannique, comme l'avait rappelé dans son blogue le politicien Jean-François Lisée en février 2010[4]. Le mandarin est, de loin, la première langue minoritaire ici. « Le français n'est pas la deuxième langue minoritaire, c'est le pendjabi. Il n'est pas la troisième, c'est le coréen. Il n'est pas la quatrième, c'est le tagalog, langue des Philippins. Il n'est pas la cinquième, c'est le vietnamien. Il n'est pas la sixième, c'est le perse. Le français y est la septième langue minoritaire », souligne le journaliste et politicien.

---

3. Jeremiah Vandermeer, *Cannabis Culture*, « Cannabis Day 2011 at the Vancouver Art Gallery », 30 juin 2011, dans *Marijuana Magazine*, consulté en juillet 2011, www.cannabisculture.com/content/2011/06/30/Cannabis-Day-2011-Vancouver-Art-Gallery.
4. Jean-François Lisée, « Le français à Vancouver ? Bof ! », Le blogue de Jean-François Lisée, 15 février 2010, jflisee.org/le-francais-a-vancouver-bof/.

En 1934, le *Vancouver Sun* faisait état de mouvements pour la séparation de la vallée de l'Okanagan et de celle du fleuve Fraser en fonction de leur esprit différent et de leur culture distincte. Les bûcherons et les mineurs qu'on y trouve ne sont pas de la même étoffe que leurs semblables du Québec. « Ce sont des vrais hommes », disait l'auteur, Ernie Slump[5]. Si nous sommes forcés d'adhérer aux orientations de l'Est, rien ne nous empêche de déclarer notre région indépendante et de demeurer des sujets britanniques, affirme-t-il encore. « Nous aurions l'appui de la Grande-Bretagne à 100 %. » Cette région s'appellerait le Dominion de Colombie-Britannique.

D'autres séparatistes voudront par la suite récrire la Constitution de la province pour la rendre indépendante. Ces projets resteront lettre morte. Pourtant, l'utopie cascadienne a traversé les époques et les modes. On pourrait croire qu'elle est la plus réaliste des utopies séparatistes de l'Ouest.

En tout cas, la revue américaine *Time* a pris la Cascadie au sérieux. Dans son numéro du 10 janvier 2011, elle en a fait l'un des 10 mouvements sécessionnistes les plus susceptibles d'aboutir. Les nations suivantes figuraient également sur cette liste : l'Écosse, le Pays basque, le Tibet, l'Ossétie du Sud, le Kurdistan, le Québec et le Sahara de l'Ouest[6].

---

5. Ernie Slump, *Vancouver Sun*, 14 mai 1934, p. 1.
6. Frances Romero et *al.*, « *Top 10 Aspiring Nations* », *Time*, 10 janvier 2010, content.time.com/time/specials/packages/article/0,28804,2041365_2041364_2041351,00.html.

Reprenant les arguments de base de ce mouvement, l'auteure de l'article relate brièvement les doléances des gens de l'Ouest, dirigés par l'Est. L'ouest du continent pourrait très facilement devenir autosuffisant puisqu'on y trouve une nature généreuse, d'impressionnantes ressources industrielles, des richesses culturelles à profusion et une population dynamique. On trouve aussi en Cascadie les sièges sociaux de multinationales très puissantes (Microsoft, Amazon, Starbucks, Nike). « Socialement, il s'agirait probablement d'une des populations les plus libérales de la planète. Les régions les plus conservatrices demeureraient en périphérie – États de Washington et de l'Oregon – ; les grandes villes comme Seattle, Portland et Vancouver verraient naître une contre-culture, où les tendances écologiques seraient à la mode. Plus au nord, en Alaska, s'ajouteraient des alliés à distance qui seraient pour un pays indépendant », peut-on encore lire dans l'article.

Le magazine dit peu de chose sur les modalités de l'accession à l'indépendance. Ces nations en devenir devront, dans la plupart des cas, négocier avec un pouvoir central qui n'entendra pas à rire. Les Catalans, par exemple, peuvent multiplier les référendums dont le résultat est un oui majoritaire, il y a fort à parier que Madrid ne les laissera pas quitter si simplement le Royaume d'Espagne.

Columbia, Canada

Columbia. C'est ainsi que le sud de la province actuelle de la Colombie-Britannique s'appelait jadis, car elle s'étendait autour du fleuve du même nom. On nommait « Nouvelle-Calédonie » la partie du centre. Si ces noms ne sont pas passés à l'histoire dans « notre Canada », c'est que la reine d'Angleterre voulait éviter la confusion avec d'autres régions coloniales, dont la Colombie (indépendante de l'Espagne depuis 1819 et ayant pris le nom d'États-Unis de Colombie après la Constitution de Rionegro en 1863), en Amérique du Sud, et la Nouvelle-Calédonie (française depuis 1853), dans le Pacifique. La colonie, décida la reine Victoria en 1858, se nommerait la Colombie-Britannique.

Bien avant l'arrivée des Blancs, le territoire était stratégique pour les Premières Nations. À cause de leur position géographique, l'île de Vancouver et la côte ouest du Pacifique étaient idéales pour la chasse au bison et la pêche au saumon. Le long de la côte vivaient plusieurs nations autochtones, dont les Nootka, Bella Coola, Tlingit, Haïdas, Tsimshian, Kwakiutl et Salish. C'est aux Haïdas, notamment, qu'on doit les magnifiques totems sculptés d'une pièce dans des cèdres géants.

James Cook est le premier navigateur de Grande-Bretagne à s'aventurer aux confins de l'Ouest canadien dans le but de cartographier le territoire, en 1778. George Vancouver occupe alors le poste d'aspirant dans son équipage. Le jeune homme qui laissera son nom à l'île et à la ville cartographie par la suite plus de 16 000 kilomètres du territoire longeant la côte. « Quand on découvrit de l'or dans les basses terres du Fraser, en 1857, des milliers de gens accoururent, espérant y faire fortune du jour au lendemain. Pour assurer le respect de la loi et le maintien de l'ordre, le gouvernement britannique établit l'année suivante la colonie distincte de la Colombie-Britannique. En 1866, quand se calma la frénésie de la ruée vers l'or, la colonie de l'île de Vancouver se joignit à celle de la Colombie-Britannique[7]. »

Avec une population de 4,6 millions d'habitants, la province est aujourd'hui parmi les plus prospères du pays. Elle s'est enrichie d'une immigration massive provenant d'Asie, faisant de cette région du Canada l'une des plus cosmopolites sur Terre. Après la Seconde Guerre mondiale, la Colombie-Britannique connut la plus forte croissance au Canada, justement en raison de l'arrivée d'étrangers, de Canadiens d'autres provinces et d'un accroissement naturel. « La population dépassa les 2 millions d'habitants en 1971, soit plus du double qu'à la fin de la guerre. Elle passa à 3,3 millions d'habitants en 1991, dont, caractéristique propre à la Colombie-Britannique, la plupart venaient d'ailleurs », dit le site historique knowbc.com[8].

La croisade de Douglas Christie

Nous voici dans le pays de Douglas Christie. Cet homme, décédé en 2013, a été un pilier du mouvement indépen-

---

7. Patrimoine Canada, « Identité canadienne – Les symboles du Canada – Colombie-Britannique », www.pch.gc.ca/fra/1363288511220.
8. Daniel Francis, *Encyclopedia of British Columbia*, Madeira Park, Harbour Publishing, 2000, Traduction de Jean-Philippe Trottier, knowbc.com/knowbc/French-Language-Resources/Histoire-de-la-Colombie-Britannique.

dantiste de l'Ouest. Il a affirmé sans nuance son projet politique pendant la plus grande partie de sa carrière.

Le documentaire nous le présente lors d'une conférence devant un groupe de spectateurs attentifs dans une salle de conférence d'un hôtel de Saanich, dans la région de Victoria. « Nous avons une solution aux problèmes qui minent notre existence, dit-il. Bâtissons un nouveau pays. Ensemble, nous pouvons libérer l'Ouest ! » Les spectateurs seront nombreux à signer un registre autorisant le militant à les alimenter sur les détails de son projet.

« Si les gens connaissaient mieux les coûts de la Confédération et ses effets sur leur vie, nous ne serions pas 50 % ou 60 %, mais bien 70 % ou même 80 % à penser que nous avons la capacité et le droit de nous donner un nouveau pays. Nous n'avons qu'à tendre la main et donner espoir. Nous pouvons écrire l'histoire plutôt que la subir. »

Des rencontres comme celle-ci, précise le tribun, il en a tenu à Hope, Princeton, Kelowna, Vernon, Banff, Calgary, Lethbridge, Medicine Hat, Regina, Yorkton, Brandon, Winnipeg … Il a semé ses idées dans des terreaux fertiles, assure-t-il, puisque des groupes formés sur son passage se sont montrés désireux de poursuivre son œuvre.

Douglas Christie a fondé divers mouvements, dont certains sont devenus des partis politiques : Western Independence Party (WIP), Western Canada Concept, Western Block Party. Bien que ces mouvements aient été marginaux dans le paysage politique, remportant un faible pourcentage de votes aux élections provinciales, son fondateur n'a jamais cessé de prêcher pour l'autonomie des provinces de l'Ouest. Lui-même n'est pas originaire de la province côtière (il est né au Manitoba), mais il a choisi d'y habiter parce qu'il aime profondément ce coin de pays. De plus, il a obtenu son diplôme de droit à l'Université de Colombie-Britannique en 1970. Il a fondé une famille dans la province par la suite.

M. Christie ne se reconnaît pas dans le Canada. Quand l'hymne national est entonné autour de ses oreilles, ça le rend malade. Pourquoi ? Parce que ce pays n'a pas sa raison d'être. Pas dans sa forme actuelle, en tout cas. Son argument est que le Canada prend beaucoup des Prairies, mais leur donne peu. « Tous les pouvoirs du Canada sont concentrés dans deux provinces : le Québec et l'Ontario, déplore Douglas Christie dans une entrevue avec l'équipe des *États-Désunis du Canada*. Et le vrai problème, c'est que ce n'est pas près de changer. Constitutionnellement, cette réalité est coulée dans le béton. Construit au XIXe siècle pour des idées du XIXe siècle, ce pays ne correspondait pas aux réalités du XXe siècle et ne correspond certainement pas davantage à celles du XXIe siècle. »

Dès 1974, l'avocat a publié des articles dénonçant la mainmise du fédéralisme centralisateur sur le système politique et juridique d'une bonne partie des citoyens à l'ouest de l'Ontario. Il donne pour exemple la composition de la Cour suprême : trois juges du Québec, autant de l'Ontario, et les trois derniers du reste des provinces. Huit provinces se partagent donc trois des neuf juges[9]… alors que le Québec et l'Ontario héritent des deux tiers. En termes de représentation proportionnelle, c'est nettement déséquilibré.

Même le réseau national de télévision publique, la CBC, présente une image orientée principalement vers le centre administratif du pays, tonne le militant. Une réforme du pays est-elle possible ? Pas dans le système actuel, prétend-il. Le Reform Party, qui avait été créé justement pour changer le Canada, n'a pas les pouvoirs pour réaliser des modifications substantielles dans les conditions actuelles. Christie avait d'ailleurs pris à partie l'état-major de cette formation pour la mettre au défi. « Combien vous donnez-vous de temps pour réformer le pays ? » avait-il demandé au chef de la formation. Prévoyez une date d'échéance et faites la séparation ensuite, l'exhortait-il.

On n'avait rien répondu à sa question gênante. Dix ans plus tard, les réformistes étaient devenus des conservateurs, avec Stephen Harper à la barre.

Liberté d'expression ou négationnisme ?

Douglas Christie est demeuré un personnage controversé jusqu'à son dernier souffle. Il est vrai que son parcours professionnel affichait une tache embarrassante pour

9. Seul le nombre de sièges réservés à des juges québécois est établi par la Loi sur la Cour suprême, mais, par tradition, trois juges proviennent de l'Ontario, deux des provinces de l'Ouest (Manitoba, Saskatchewan, Alberta et Colombie-Britannique) et un dernier des Maritimes (Nouveau-Brunswick, Nouvelle-Écosse, Île-du-Prince-Édouard et Terre-Neuve-et-Labrador).

tout aspirant politicien. Fondateur de la Canadian Free Speech League qu'il a dirigée quelques années, il a défendu en 1984 la cause d'Ernest Zündel, néonazi notoire qui prétendait que l'Holocauste n'avait pas existé. Il se décrivait comme un « libertarien ». Lecteur d'Ayn Rand, il ne s'opposait pas à la légalisation des drogues ou de la prostitution. « À cause des nombreux clients que j'ai représentés, j'ai été perçu comme un extrémiste de droite, un nazi et un antisémite. Ces qualificatifs sont inappropriés, injustes et obscurs dans leur sens. En réalité, je suis un individualiste. Je revendique le droit d'être jaugé sur une base individuelle et je reconnais également le droit à toute personne de bénéficier d'un tel jugement[10] », disait-il à une journaliste de Victoria en 2002.

Il a eu beaucoup de succès à une certaine époque. Quand on annonçait sa venue, il était invité aux émissions d'affaires publiques et obtenait du temps d'antenne aux heures de grande écoute. Il ne s'est pas privé des nouveaux moyens de communication que lui offrait Internet, et on peut encore aujourd'hui visionner des capsules qu'il a tournées à l'époque pour promouvoir ses idées sur YouTube. Le 20 novembre 1980, à l'auditorium Jubilee de Calgary, une foule estimée à 2 800 personnes l'a ovationné. Un auditoire similaire l'accueillait au même

10. « After the many clients I have represented, I have been perceived as a right-wing extremist, nazi, or anti-semite. These smear words are inaccurate, unfair and obscure in their meaning. [...] I am an individualist. I assert my right to be measured as an individual and I recognize every other person's right to be so assessed, as well. », Jody Paterson, « An Uneasy Peace », *Times Colonist*, 3 mars 2002, p. D1.

endroit le 8 décembre suivant. C'est à cette époque, prétendait-il, que les fédéralistes ont commencé à le craindre et ont mobilisé leurs troupes pour lui faire barrage.

La cause de la liberté d'expression, ainsi que bien d'autres qu'il a défendues, lui collait à la peau des décennies plus tard. Il réfutait les accusations d'antisémitisme en prétendant qu'il s'était limité, dans ses plaidoyers, à défendre le droit de s'exprimer librement. Il s'était rendu jusqu'à la Cour suprême pour se porter à la défense de cette liberté. Mais ses adversaires n'ont jamais fait dans la nuance, et plusieurs sites le présentent, encore aujourd'hui, comme un négationniste par association.

Le plus souvent, comme promoteur de l'idée d'indépendance de l'Ouest, il était ignoré par la presse. Ses idées circulaient quand même largement dans les réseaux informels. Il acceptait volontiers les invitations pour des conférences devant de petits auditoires. C'est à une de ces présentations que l'équipe des Productions de la ruelle peut assister, caméra à l'épaule.

Quand il accorde une entrevue à l'équipe, il apparaît sous les traits d'un militant convaincu de la justesse de sa cause. Coiffé du chapeau de cowboy, vêtu d'un veston chic, il est svelte, élégant et il affiche une assurance sans faille. Une partie de l'entretien se déroule sur le terrain même du magnifique bâtiment abritant le Parlement provincial, à Victoria, un immeuble qui, estime-t-il, pourrait facilement orchestrer la destinée d'un pays regroupant la Colombie-Britannique, la Saskatchewan, l'Alberta et le Manitoba. « Terre-Neuve-et-Labrador forme une nation ; les Maritimes ont leur identité propre. Le Québec est certainement une nation. L'Ontario aussi. Ce n'est pas ma nation, mais c'en est une assurément. Comme l'Ouest canadien. Les gens de l'Ouest ont beaucoup de choses en commun. Beaucoup plus, en tout cas, qu'avec les gens du Québec et de l'Ontario. »

Rien n'est immuable. Le Canada n'a pas été créé par Dieu pour rester une entité unie pour l'éternité… « Le succès, pour une nation, c'est quand tous ses citoyens, ou presque tous, vivent un sentiment d'appartenance à ce pays. Mais personne autour de moi, dans l'Ouest canadien, ne se sent pleinement connecté à Ottawa. Au contraire, les gens ici ont du mal à accepter le désastre qu'ils obtiennent en échange de leur argent versé au gouvernement central. »

Bien qu'il se soit battu contre l'usage de deux langues d'un océan à l'autre – une de ses capsules vidéo dénonce avec force les « coûts du bilinguisme » –, il n'exprime aucun sentiment anti-Québec. Même que le courant passe avec l'équipe. Il ne cache pas sa surprise de la voir se déplacer jusque dans son coin de pays pour lui offrir cette tribune. Ce partisan de la liberté d'expression, manifestement, n'a pas souvent la chance d'avoir un micro devant lui pour exprimer ses idées politiques.

Il tiendra d'ailleurs à parler à Guylaine Maroist vers la fin de sa vie, alors qu'il sait qu'il se dirige vers la mort. La documentariste reçoit un coup de fil sur son portable à Montréal et elle reconnaît sans peine M. Christie. « Je voulais savoir comment avançait votre film », dit-il d'une voix affaiblie. Elle le renseigne sur le financement, le diffuseur, le montage. Il est rassuré. Il lui souhaite bonne chance. Il meurt le 11 mars 2013, quelques semaines avant la première diffusion du documentaire à la télévision.

Sa veuve, Keltie Zubko, enverra un message très touchant aux réalisateurs des *États-Désunis du Canada*, en mentionnant qu'ils furent parmi les dernières personnes à lui avoir parlé[11].

Dan LaRocque croit en la Cascadie

« Il est temps que les citoyens de Cascadie exigent leur liberté de la part des gouvernements oppressifs du Canada et des États-Unis, dit Dan LaRocque, un des plus ardents défenseurs de cette vision indépendantiste, rencontré chez lui. Depuis trop longtemps, notre peuple a été traité avec indifférence et condescendance, et a été maintenu loin des lieux de pouvoir. »

Le militant ajoute que son peuple a été victime de détournements de fonds et de gaspillage de taxes. De plus, il a subi un « impérialisme francophone ». « Nos entrepreneurs ont été attaqués par le prétendu système de justice simplement parce qu'ils ont travaillé à faire croître notre économie. Quand dirons-nous qu'assez c'est assez ? »

---

11. Keltie Zubko avait informé Guylaine que Douglas Christie avait eu le temps de visionner la copie du film transmise par les documentaristes. « J'espère que vous réalisez avec quel bonheur il a trouvé en vous des interlocuteurs attentifs à ses idées et à quel point il s'est senti respecté par vous », leur dit-elle dans ce mot empli d'émotion.

Il en appelle à l'union des régions du nord-ouest des États-Unis et de l'ouest du Canada pour former cette nation souveraine nommée Cascadie. « Nous pourrons alors fièrement affirmer notre autodétermination et prendre notre place dans la communauté mondiale. »

Les ressources naturelles de ce pays ? Elles sont nombreuses et bien appuyées par des industries dynamiques et modernes. Les biotechnologies et l'informatique sont parmi ses forces économiques. La République dispose d'importantes centrales nucléaires et possède le savoir-faire pour réaliser des armes au plutonium, dit la présentation de Cascadie[12]. On y trouve les installations et l'expertise pour produire des véhicules spatiaux autant que des aéronefs. On peut y mettre au point des bases navales capables de lancer des fusées pour la conquête lunaire… Lyle Zapato, l'auteur du site, ne manque pas d'humour. Il pousse à l'extrême cette utopie. « Mais pourquoi se contenter de la Lune quand on peut atteindre les étoiles ? » s'interroge-t-il. En englobant des cités comme Seattle et Portland, on vante les industries du cinéma, de la télévision et de l'*infotainment*, et « une main-d'œuvre non syndiquée ».

La Cascadie possède même son drapeau : un soleil couchant représentant « notre place sur le continent américain » ; en son centre, un cône de pin symbolisant

12. Tiré du site « Republic of Cascadia », à la fois richement documenté et humoristique. La Cascadie prévoit même avoir ses timbres et son « Bureau of Sasquatch Affairs » : http://zapatopi.net/cascadia.

« la renaissance et nos ressources naturelles forestières ». Le tout sur un fond de vagues qui « évoquent les eaux bleues et profondes de l'océan Pacifique ». À l'arrière du soleil s'étendent deux champs, l'un rouge pour les « forces volcaniques qui brûlent sous nos pieds », l'autre vert pour la « végétation luxuriante de notre nation ».

Caricaturiste discret, Lyle Zapato a choisi la dérision pour faire la promotion de l'indépendance de l'Ouest. Malgré les demandes répétées des Productions de la ruelle, il n'a pas répondu aux appels et on n'a pas pu en savoir plus sur ses véritables motivations et sur les assises de son projet.

Des révolutions avortées

Il s'en est fallu de peu pour que la carte de l'Amérique du Nord soit radicalement différente de celle qu'on connaît aujourd'hui. Comme il a été évoqué précédemment, un des premiers « Cascadiens » fut Thomas Jefferson, président américain de 1800 à 1809. Au début du XIXe siècle, les populations de l'Ouest se sentaient mal représentées par les gouvernements de l'Est, et Jefferson avait pensé les unir du nord au sud dans une république du Pacifique.

Rappelons que Jefferson, le francophile, qu'on décrit souvent comme un philosophe inspiré de l'époque des Lumières, était un défenseur des droits de la personne. Il était également un fervent promoteur de la liberté de la presse. Rédacteur d'une partie de la Déclaration d'indépendance américaine, qui rompt avec la domination britannique en 1776, Jefferson a permis aux États-Unis de doubler leur superficie, par l'achat ultérieur de la Louisiane, notamment.

Jefferson avait envoyé des émissaires dans la région dès 1803, les célèbres Meriwether Lewis et William Clark, qui traverseront les États-Unis pour mesurer l'étendue du pays à construire. Il avait imaginé un « grand Empire libre et autonome » formé des populations de l'Ouest, du sud au nord. Séparée des États-Unis, la région aurait été un de ses plus importants partenaires économiques. Quand Lewis et Clark y mirent le pied, ils découvrirent une population constituée d'un demi-million d'autochtones, dont les Chinooks, Haïdas, Nootka et Tlingit. Plus tard, au cours de la décennie 1820, le naturaliste écossais David Douglas décrivit en détail ce vaste pays côtier. Il parlait des multiples « cascades », des cours d'eau qui drainaient les montagnes et jalonnaient le paysage. C'est de là que vint le terme Cascadia[13]. C'est aussi le nom de la chaîne de montagnes qui ceinture la région.

La république qui aurait pu naître de ce projet avait un caractère utopique, mais si on l'observe dans sa géographie précoloniale, son écosystème aurait été plus cohérent que dans la cartographie actuelle, coupée en deux par une frontière internationale et traversée par de

---

13. Depuis 20 ans, l'auteur américain Jack Nisbet consacre temps et énergie à retracer la vie et l'œuvre du naturaliste. En plus de conférences et documentaires, il a écrit deux livres sur David Douglas : *The Collector: David Douglas and the Natural History of the Northwest,* Seattle, Sasquatch Books, 2009, et *David Douglas: A Naturalist at Work,* Seattle, Sasquatch Books, 2012, www.jacknisbet.com.

multiples territoires régionaux. Le relief des montagnes et les bassins versants ont été documentés dès 1841 par un commandant militaire américain du nom de Charles Wilkes. Il cartographiera la « biorégion de Cascadie », incluant l'État de l'Oregon actuel.

Thomas Jefferson est mort sans avoir vu naître Cascadia – les partisans d'un pays centralisé auront gain de cause sur les promoteurs d'une république du Pacifique –, mais l'idée de cette nation a repris de la vigueur au premier tiers du XXe siècle. S'inspirant de l'œuvre du président décédé, le State of Jefferson Movement a attiré l'attention des médias et gagné une certaine crédibilité dans l'opinion publique. Les sécessionnistes avaient suffisamment mobilisé la population pour que des représentants soient entendus au Sénat américain. La rencontre était prévue le 8 décembre 1941, mais l'attaque de Pearl Harbor par les Japonais, le 7 décembre, a fait reporter la rencontre, qui n'a finalement jamais eu lieu. Exit le State of Jefferson Movement qui avait à jamais perdu sa lancée.

Plus récemment, un mouvement sécessionniste inspiré de la révolution « de velours » des Tchèques et des Slovaques allait relancer l'idée d'une *Evergreen Revolution*, mais celle-ci n'eut jamais l'occasion de démarrer.

Aujourd'hui, les mouvements sécessionnistes en Colombie-Britannique sont plutôt discrets. Mais les partisans de la Cascadie sont en plein essor. Le Cascadian Independence Project présente un argumentaire solide qui donne envie d'y croire. On peut y lire également un survol de l'histoire, un blogue et une revue de presse. Celle de la fin février 2014 renvoie par exemple à un article du *Seattle Globalist* intitulé : « *Is Cascadia the new Québec ?* » L'auteur rapporte qu'on peut encourager des équipes de soccer cascadiennes. On peut même boire, en Oregon, une nouvelle bière nommée Secession, création d'une brasserie de Portland. « Dans le cœur des Cascadiens se trouve la conviction que les habitants du nord-ouest du Pacifique ont plus en commun entre eux qu'avec tout autre peuple ailleurs aux États-Unis et du Canada[14]. »

Ici aussi, on propose un drapeau officiel : un sapin de Douglas sur fond vert (représentant les forêts), blanc (les glaciers) et bleu (l'océan). Le partisan peut acheter des écussons et des t-shirts aux couleurs du mouvement.

Colombie-Britannique et Yukon, même combat

Dès les premières années où elle est officiellement annexée au Canada, la Colombie-Britannique doit composer avec une partie de sa population contestant cette alliance artificielle entre l'est et l'ouest d'un pays à peine né. Les premiers séparatistes remettent en question la condition posée par les élus pour se joindre à la Confédération, soit cette histoire de train. Les retards dans la construction de la voie ferroviaire leur donnent raison.

14. « At the heart of the Cascadian idea lies the belief that Pacific Northwesterners have more in common with each other than with people in other parts of the U.S. and Canada. » Cooper Inveen, « Is Cascadia the new Québec ? », *The Seattle Globalist,* 21 février 2014, www.seattleglobalist.com/2014/02/21/is-cascadia-the-new-quebec/19236.

Une certaine paix vient avec les premières locomotives, mais elle est de courte durée. L'acrimonie envers les fédéralistes reprend au début du XXe siècle, puis dans les années 1930. Le litige: les transferts fédéraux, jugés non équitables pour la province du Pacifique. La commission d'enquête Rowell-Sirois est instaurée pour étudier la question, et ses conclusions alimentent la thèse d'un déséquilibre en défaveur des régionaux.

Dès leur arrivée au pouvoir (en 1952 pour le premier et en 1975 pour le deuxième), les premiers ministres William Andrew Cecil Bennett et Bill Bennett veulent faire reconnaître la Colombie-Britannique comme l'une des cinq grandes régions du Canada, au même titre que les Maritimes, le Québec, l'Ontario et les Prairies de l'Ouest canadien. Plus récemment, un litige a éclaté entre la province et l'autorité fédérale en ce qui concerne la pêche aux saumons, une ressource très précieuse pour les gens de cette province, mais également pour le territoire limitrophe, le Yukon. Devant l'attitude d'Ottawa, la sénatrice Pat Carney brandit la menace séparatiste[15]. Dans une entrevue avec le *Vancouver Sun*, en 1997, elle mentionne que si le Québec a trouvé des raisons de quitter la Confédération canadienne, l'Ouest en a d'aussi bonnes, pour le moins.

---

15. Elle n'aurait pas formellement évoqué cette possibilité, mais un journaliste lui a fait dire qu'« aucune option ne serait écartée » si les problèmes de pêcheries se poursuivaient.

D'autres groupes, plus radicaux, prônent la séparation pure et dure de l'Ouest canadien qui constitue, à leurs yeux, une nation distincte.

Au Yukon, 18 % des citoyens avaient répondu positivement au sondage du *Western Standard* sur l'option séparatiste[16]. Le député du territoire, George Black, avait coutume de dire que Whitehorse était à 3 000 milles d'Ottawa, mais que la capitale canadienne était, elle, à 30 000 milles de Whitehorse. Une façon de dire que le Yukon ne faisait pas partie des préoccupations fédérales. On attendait beaucoup, alors, du sous-sol minier de ce vaste territoire nordique. Avec la richesse viendront peut-être des ambitions indépendantistes, et un leader politique fort, capable de les porter.

16. Duncan Munroe, « Now entering separatist territory », *Western Standard*, 17 octobre 2005, www.westernstandard.ca/website/article.php?id=1093.

Mon pays, c'est les Prairies

Neuvième province à adhérer à la Confédération, en 1905, la Saskatchewan compte aujourd'hui un peu plus d'un million d'habitants. Situé au beau milieu des Prairies canadiennes, ce « grenier » national récolte les céréales consommées partout au Canada. L'économie de cette province rectangulaire repose sur l'agriculture grâce à ses quelque 50 000 fermes. La province produit 10 % du blé transigé partout dans le monde. On y récolte aussi du colza, du lin, du seigle, de l'avoine et de l'orge.

Ça, on le sait déjà. On sait moins que la potasse et les ressources fossiles ont fait de la Saskatchewan une province prospère. Très prospère, même. La Saskatchewan est en santé ; elle a un sous-sol riche, un sol fertile et des habitants hardis qui n'ont pas peur des nouvelles idées.

Ici, l'idée de rompre les liens avec le Canada ne date pas d'hier. Dans les années 1980, l'Unionist Party a tenté de convaincre des idéologues de l'Ouest de se joindre aux États-Unis. Le fondateur de ce parti, Dick Collver, était un ancien dirigeant du Parti progressiste-conservateur de la Saskatchewan. Il a entraîné dans sa démarche une autre tête d'affiche de la droite, Dennis Ham, frère de l'honorable Lynda Maureen Haverstock, future lieutenante-gouverneure de la province. L'Unionist Party, aujourd'hui disparu, obtint le statut de troisième formation politique de la province.

Longtemps avant la création de ce parti, au début du XXe siècle, des gens regroupés autour de sir Frederick Haultain, alors premier ministre des Territoires du Nord-Ouest, avaient caressé l'idée de réunir les villes de Calgary, Edmonton, Saskatoon et Regina en une super-province canadienne. L'équivalent de l'Alberta et de la Saskatchewan actuelles. Son nom : Buffalo. Regina en aurait été la capitale. À Calgary et à Edmonton, on s'est opposé au projet, notamment parce que les deux villes souhaitaient devenir elles-mêmes des capitales provinciales. C'est le premier ministre sir Wilfrid Laurier qui tranchera le débat en fixant les frontières des provinces actuelles. Buffalo ne verra jamais le jour au Canada[1].

En 2007, l'Université de la Saskatchewan a voulu garder vivant le rêve de Haultain en créant un cercle d'intellectuels, d'étudiants, de diplômés et d'universitaires des Prairies, portant le nom « Buffalo Province History Conference ». Les rencontres ont toutefois cessé après la deuxième édition, en 2008[2].

---

1. Derick Hayes, « Drawing the lines », *Canadian Geographic*, janvier-février 2005, www.canadiangeographic.ca/magazine/jf05/alacarte.asp.
2. Buffalo Province History Conference, www.usask.ca/history/buffalo.

Encore de nos jours, la Saskatchewan héberge des mouvements indépendantistes actifs.

Le Western Independence Party of Saskatchewan (WIPSK) est la première piste de Guylaine vers l'Ouest canadien. Elle joint par téléphone quelques membres fondateurs du parti, qui habitent la région de Preeceville, et leur donne rendez-vous. Nous sommes dans la Saskatchewan profonde. Entre Preeceville et Saskatoon, il y a plus de 300 kilomètres. La distance nécessite au moins quatre heures de voiture, compte tenu de l'état de certaines routes.

Arrivée au village, Guylaine se fait lancer par une vieille dame des injures qui témoignent d'un sentiment anti-Québec. Elle se voit même refuser l'accès aux toilettes. « Pourquoi détestez-vous tant les Québécois ? », l'interroge-t-elle. « À cause de la façon dont vous traitez les anglophones », répond la vieille dame. Curieuse d'en savoir plus, Guylaine insiste pour connaître l'origine de ce « Québec *bashing* » enraciné aux confins des Prairies. Jamais la vieille dame ne s'est déplacée au Québec ; ses idées se sont forgées au fil des discussions de cuisine et en suivant les médias.

« Elle avait entendu parler de la "police de la langue" et croyait que ses agents, au Québec, arrêtaient les anglophones dans la rue. Ceux-ci voyaient leurs droits limités et ne pouvaient pas, par exemple, ouvrir des commerces, explique Guylaine Maroist. Elle pensait que les vitrines de magasins tenus par des Québécois anglophones étaient saccagées et qu'on injuriait à Montréal les anglophones unilingues. Comment la convaincre que ces anecdotes ne représentent pas la réalité ? »

Quant aux membres du WIPSK avec lesquels l'équipe a pris rendez-vous de Montréal, ils se montrent méfiants et sont réticents à engager le dialogue. Ils doutent des véritables intentions des cinéastes. Quand Frank Serfas apprend que Mme Maroist veut lui parler, il pense que c'est la députée péquiste Pauline Marois qui cherche à le joindre – rappelons que nous sommes en 2010, deux ans avant l'investiture de Mme Marois à titre de première ministre du Québec. Il ne sera qu'à moitié rassuré quand la documentariste obtiendra l'autorisation de filmer une réunion de la direction du Western Independence Party of Saskatchewan. Les membres acceptent de laisser la caméra témoigner des véritables motivations de leur groupe.

Après quelques heures ensemble, toutefois, le vent tourne. Frank Serfas, Dana Arnason et David Sawkiw sont de plus en plus à l'aise et doivent admettre que la rencontre avec ces étranges Québécois est ouverte, franche et honnête. C'est même une des rares occasions où une oreille attentive et respectueuse se prête à leur cause. « Est-ce que tous les Québécois sont comme vous ? » demandent-ils à leurs nouveaux amis. « Presque ! », répondent ceux-ci, sourire en coin.

Le courant passe au point que David Sawkiw offre au couple Maroist-Ruel de loger dans la petite maison inutilisée sur son terrain aussi longtemps qu'il en a besoin. « Il nous avait adoptés », relate Guylaine Marois, encore émue de son hospitalité. Ils repartiront, quelques jours plus tard, avec un pot de son excellent miel dans leurs bagages.

Bienvenue chez David

C'est ce même David Sawkiw, fermier dans le nord-est de la province, qui explique à la caméra qu'il vit dans un environnement béni des dieux. Se décrivant comme un touche-à-tout (*jack of all trades*), cet habitant bedonnant au visage rond cultive la terre avec tout son cœur. Il fait aussi de la mécanique et élève des abeilles pour le miel et la pollinisation de ses cultures. « J'aime la vie que je mène ici, et je travaille fort pour que mes journées soient satisfaisantes », dit-il, bien assis dans sa chaise de jardin.

Il ajoute sans hésiter qu'il est un séparatiste de l'Ouest. Son organisation politique, c'est le WIPSK, qu'il a contribué à fonder. Pas parce que la politique le passionnait, mais par devoir : quand personne ne veut se jeter à l'eau, il faut bien donner l'exemple. Pendant des années, explique-t-il, les Saskatchewanais insatisfaits de leur condition parlaient de « faire quelque chose » pour changer le système. Mais ils ne faisaient rien. Ils palabraient et se plaignaient, mais la révolution se faisait attendre. Lui et quelques amis ont établi les bases d'un véritable mouvement prônant l'indépendance de la province.

Né à Saskatoon, le 12 juillet 2003, le WIPSK « propose aux gens de la Saskatchewan une véritable solution de rechange au Canada centralisateur. Nous pensons que nous ne pouvons développer notre potentiel que dans un Ouest libéré. » Devenu un parti reconnu par le directeur général des élections, le WIPSK prône la séparation de la province pour donner aux habitants de la Saskatchewan le droit de se gouverner eux-mêmes. Au cours du dernier siècle, explique-t-on sur le site officiel du parti, le gouvernement fédéral a bien tenté d'amadouer la population de l'Ouest, mais « ces efforts ont échoué en raison du rejet des idéaux démocratiques par les électeurs canadiens du centre et de l'Est[3] ».

Pourquoi David Sawkiw est-il séparatiste ? « Parce qu'il n'y a pas de démocratie au Canada pour les gens de l'Ouest », déplore-t-il en reprenant le *credo* de son parti. Tous les gouvernements fédéraux qui ont précédé l'entrée en scène des conservateurs avaient considéré la population de cette région comme négligeable sur l'échiquier politique. C'est une question mathématique, plaide-t-il. Il n'y a qu'un million d'électeurs en Saskatchewan, alors qu'il y en a cinq millions dans la seule région de Toronto. « Cinq Saskatchewan dans une seule ville ! C'est sûr que nous n'avons aucun intérêt pour les partis nationaux. Est-ce qu'un si petit bassin d'électeurs influence les stratégies nationales ? Pas vraiment. »

Preuve de cette indifférence, le gouvernement de Pierre Elliott Trudeau a lancé en octobre 1980 le Programme énergétique national, visant à contrer les effets de la crise pétrolière. En plus de « tuer l'Alberta », selon

---

3. www.wipsk.com.

notre fermier, cette politique a anéanti les profits des entrepreneurs de la Saskatchewan. La population en ressent encore les contrecoups au XXIe siècle.

— Pourriez-vous expliquer cette politique ? Je ne crois pas que les gens du Québec savent de quoi il retourne, demande l'intervieweuse.

— Le programme voulait offrir du pétrole à coût moindre pour l'ensemble du pays, gardant ainsi les prix bas. C'était une excellente chose pour les gens de l'Est, où se trouvait la base de l'électorat libéral. Mais ça a été une catastrophe pour notre économie. L'industrie pétrolière de l'Ouest est entrée en compétition avec les pays producteurs du Moyen-Orient qui le vendaient encore moins cher. Résultat : nous avons extrait du pétrole qui nous coûtait plus cher que ce qu'on pouvait le vendre.

Le fermier multiplie les explications pour faire comprendre à quel point le gouvernement centralisateur de Trudeau – et de Marc Lalonde, son ministre de l'Énergie, des Mines et des Ressources – a nui à la confiance des gens de l'Ouest pour le Canada, près de 40 ans plus tôt. À cause de cette politique qui profitait surtout aux gens de l'Ontario et du Québec, il a fallu acheter du pétrole brut d'autres pays pour le transformer. On devait, par exemple, le faire venir d'Iran, d'Arabie saoudite et d'Irak, renonçant à la matière première intérieure. Une aberration. Des entreprises ont fermé leurs portes ; les chômeurs se sont multipliés aux soupes populaires ; l'économie a périclité. Le ressentiment populaire envers l'Est était à son apogée. On pouvait lire sur des affiches et autocollants un slogan disant *Let the Eastern Bastards Freeze in the Dark* (« Laissez les bâtards de l'Est geler dans la noirceur »). Ce slogan est même devenu le titre d'un livre de Mary Janigan paru en 2012 avec le sous-titre suivant : *The West Versus the Rest Since Confederation*[4].

Aujourd'hui, on s'est remis de cette crise et, si la politique honnie est toujours en vigueur, elle n'affecte plus l'industrie de la même façon. Il n'en demeure pas moins que ce système a fait mal à la région.

Autre exemple évoqué par notre hôte : les deux poids, deux mesures de la Commission canadienne du blé. Voilà un monopole d'État qui prétend redistribuer la production nationale pour l'intérêt du plus grand nombre. Mais, selon l'agriculteur, elle ne s'applique pas de la même façon partout au pays. Elle n'oblige pas les cultivateurs du Québec et de l'Ontario, par exemple, à lui vendre leur production. « Pourtant, tous les fermiers de l'Ouest sont forcés de vendre leur récolte de blé et d'orge à cette commission. Nous risquons la prison si nous ne le faisons pas. Je connais un fermier qui a voulu aller vendre ses récoltes aux États-Unis. Il s'est fait prendre et on l'a arrêté. Il a été réduit à la pauvreté, comme s'il avait commis un crime grave. Ils l'ont anéanti. »

Il estime que la Commission canadienne du blé n'agit pas au bénéfice des producteurs de l'Ouest, mais défend plutôt l'intérêt des Canadiens, principalement de l'Est.

---

4. Mary Janigan, *Let the Eastern Bastards Freeze in the Dark: The West Versus the Rest Since Confederation*, Toronto, Knopf Canada, 2012.

Encore une fois, la prédominance de la population centrale revient pour expliquer le phénomène. Pour que l'Ouest soit mieux représenté au gouvernement central, dit le fermier en boutade, il faudrait que les Québécois et les Ontariens déménagent dans l'Ouest. Là, le poids démographique imposerait aux partis de tenir compte de l'Ouest dans leur agenda politique.

Plus sérieusement, la Saskatchewan pourrait-elle être un pays ? « Absolument ! Aucun doute dans mon esprit, répond David. Jetez un coup d'œil aux ressources que nous avons. On a de gigantesques réserves de pétrole. On a du gaz naturel, de la potasse – de la potasse de qualité. Nous produisons de l'uranium, en plus grande quantité que partout ailleurs dans le monde[5]… Sans parler de tous ces produits de l'agriculture. Question territoire, il y a beaucoup de pays en Europe qui n'ont pas la moitié de notre taille. Et ils existent comme pays. Alors, oui, je pense qu'avec un million d'habitants la Saskatchewan pourrait facilement former un pays. »

L'homme reprend, avec un sourire en coin, que le processus de séparation est déjà bien entamé. Un peu sans le savoir, les gens d'ici commencent à penser en termes de nation, voire d'État. « Je dirais que la Saskatchewan s'y prépare doucement, au moment même où nous en parlons, là, maintenant. »

---

5. Ses mines d'uranium l'ont propulsée au premier rang des producteurs mondiaux, avec plus de 25 % du marché. Source : Encyclopédie de la Saskatchewan, http://esask.uregina.ca/entry/economy_of_saskatchewan.html

Cela dit, un des ingrédients majeurs pour permettre la véritable souveraineté, c'est le temps. Il faut, selon lui, laisser du temps à la population pour accepter l'idée de former un pays. Pas question de se lancer dans une telle aventure sans en avoir mesuré tous les impacts. Le fermier cite ici René Lévesque en exemple, qui a commencé dès les années 1950 à préparer le terrain de ses conquêtes. « Sans lui, le mouvement séparatiste n'aurait peut-être jamais vu le jour. »

David Sawkiw croit qu'il y a beaucoup de séparatistes autour de lui, y compris des séparatistes qui s'ignorent. Malheureusement, aucun chef n'émerge de façon évidente. « Il n'y a pas de René Lévesque ici. Il n'y a pas de leader charismatique qui puisse soulever les foules autour de ce projet. »

Faute de leader fort, le mouvement risque de plafonner pendant plusieurs années. Mais un événement déclencheur pourrait enflammer la fibre patriotique. Un nouveau « fiasco » comme celui qui a marqué le secteur pétrolier avec le Programme énergétique national, commente-t-il, pourrait donner un élan aux timides et aux inquiets, tout en galvanisant les troupes de partisans de la Saskatchewan libérée.

Que dirait David Sawkiw aux Québécois s'il avait l'occasion de leur envoyer un message ? « Je leur dirais qu'on a bien plus de choses en commun qu'on pense. Nous sommes vraiment semblables. Nos cultures sont séparées, mais nos peuples se ressemblent. »

Sawkiw y va d'une prédiction : le Parti québécois renaîtra et conquerra le pouvoir pour faire enfin sécession. « Un de mes amis dit que le Canada est comme une fête où tout le monde s'ennuie. Par politesse. Personne n'ose être le premier à se lever et partir. Mais aussitôt qu'un visiteur va franchir la porte, un deuxième suivra, puis un troisième. »

Bref, message aux Québécois : « Si vous vous séparez, nous vous suivrons, pas loin derrière. Alors ne vous gênez pas. Séparez-vous, et nous pourrons négocier de pays à pays. »

Que deviendra l'Ontario ? « Ottawa peut garder l'Ontario », lance David Sawkiw dans un grand éclat de rire.

Neil Fenske, éleveur de bétail en Saskatchewan, partage les opinions de Sawkiw. Mais les récriminations de cet autre militant actif du WIPSK (il a été candidat aux élections de 2003 dans la circonscription de Kelvington-Wadena, obtenant 4 % des votes) visent d'autres cibles. « En Saskatchewan et en Alberta, nous envoyons d'importantes sommes d'argent à Ottawa pour financer des programmes sociaux dont nous ne profitons pas beaucoup, mais qui servent en Ontario et au Québec. »

Il pense aux services de garde à 7 $ par jour, une politique adoptée par le Québec au début des années 2000 ; à la quasi-gratuité des droits de scolarité universitaires pour les Québécois. « Une bonne partie du financement de ces programmes vient de la poche des contribuables de l'Ouest », déplore-t-il. Pour lui, les différences culturelles de l'Ouest ne sont pas représentées à Ottawa. « En analysant les sondages, on se rend compte que nos opinions sont très divergentes. Il y a un monde de différences entre le Québec et l'Ouest canadien. On entend fréquemment, ici, qu'il serait plus simple de tracer une frontière », résume l'homme.

Pammylyn Knickle

On retrouve des arguments semblables à Kendal, agglomération d'une cinquantaine de familles (« 85 habitants incluant les enfants », précisera notre interlocutrice), située à près de 80 kilomètres de la capitale, Regina. On y rencontre la mairesse Pammylyn Knickle, élue un an plus tôt. Fière de son village qui regorge de ressources naturelles – potasse, gaz naturel et agriculture –, elle affirme être pour la souveraineté de la province. À ses yeux, le Saskatchewanais moyen est surtaxé, et les bénéfices qu'il touche en retour sont minimes. « Si nous formions notre propre État, nous serions en mesure de décider pour nous-mêmes. Nous créerions des réglementations sur mesure pour administrer nos besoins. Donnez-nous nos taxes et nous saurons comment bien utiliser cet argent. »

Cet argument est peut-être un peu simpliste, mais il représente bien ce qu'une bonne partie de la population d'ici pense de l'administration publique ; celle-ci ne sert pas toujours les intérêts des communautés rurales.

Dans une ville comme Kendal, on sait facilement où se dirige le bien commun, fait valoir la mairesse : éclairage des lieux publics, chauffage des édifices, ramassage des ordures, déblaiement de la neige l'hiver. Si ces travaux ne sont pas faits ou ne sont pas réalisés dans un délai raisonnable, les citoyens vont exiger des comptes. « C'est de ce type d'imputabilité que le Canada aurait besoin. En tout cas, l'Ouest indépendant saurait y répondre », mentionne Mme Knickle.

Le fusil de mon voisin

Lorsque Justin Trudeau déclare en décembre 2012 que la possession d'une arme à feu « est une partie importante de l'identité canadienne », plusieurs personnes pensent que le candidat à la direction du Parti libéral du Canada est tombé sur la tête. Comment l'héritier de Pierre Elliott Trudeau, un Montréalais par surcroît, peut-il associer le droit de s'armer à l'identité nationale, comme le font les porte-parole de la National Rifle's Association américaine ? Justin vient-il de commettre une autre « gaffe » ? Peut-être, mais il se peut que cette affirmation ait été soigneusement calculée. Car il souhaitait marquer des points dans une région loin d'être acquise pour le parti : l'Alberta et la Saskatchewan. Les résultats des élections partielles de 2013 et 2014 démontrent que sa cote a remonté ; ces propos ont peut-être servi sa cause.

En 2010, lorsque Guylaine Maroist séjourne en Saskatchewan, elle ne se doute pas que la possession d'armes à feu est un sujet aussi sensible dans la population. Neil Fenske lui suggère de rencontrer son pasteur, Brad Steppan, grand amateur d'armes. Plutôt méfiant devant la requête de la documentariste, celui-ci veut s'assurer qu'on ne ternira pas l'image de son église. Il accepte tout de même de recevoir l'équipe de tournage, un dimanche matin à 5 h. C'est lui qui résumera le mieux cet attachement aux armes typique de l'Ouest canadien. « Je ne connais aucun voisin qui n'ait pas d'arme. Tous sont armés, en partie par nécessité – parce qu'ils ont des troupeaux de moutons ou des animaux de basse-cour à protéger –, mais aussi parce que ça fait partie de leur culture, explique Brad Steppan. L'arme à feu fait partie de notre identité. Pas seulement pour l'aspect sportif », dit-il à la caméra en affichant un sourire franc.

Quand il se rend en ville en camionnette, il dépose très souvent sa Bible sur le tableau de bord et sa carabine sur la banquette du passager. « Ce n'est pas bizarre. C'est normal ! » tient-il à préciser.

Nous sommes dans l'arrière-pays de la Saskatchewan, près du village d'Endeavour, et M. Steppan accueille l'équipe de façon cordiale, tout sourire, dans sa bergerie qui compte une soixantaine de moutons et une cinquantaine d'agneaux. Ce pasteur mennonite vêtu d'un coton ouaté bleu a une carabine de calibre 22 dans une main et un biberon dans l'autre. Cela paraît surprenant ? « Pas dans notre communauté. Ici, c'est courant ! » insiste-t-il. L'hôte invite ses convives à faire le tour du propriétaire tout en répondant à leurs questions. Ici, les petits du troupeau sont la cible des prédateurs – corbeaux, renards, coyotes –, et l'arme à feu sert à les repousser efficacement. Encore faut-il savoir manipuler ces fusils et révolvers de différents calibres. D'où l'idée de tirer quelques coups de feu dans le champ lorsqu'on a un peu de temps libre.

Dans cette région du pays, le registre des armes à feu est un inépuisable sujet de conversation. On rouspète contre les frais de l'enregistrement – le permis de port d'arme coûte à lui seul de 60 $ à 80 $ pour 5 ans – et contre la bureaucratie à laquelle ce règlement exigeait de se soumettre. Le simple fait d'enregistrer obligatoirement son arme, qu'elle soit utile quotidiennement ou une pièce de musée, a soulevé une irritation profonde chez les amateurs de tir. Pour eux, cette contrainte était une atteinte grave à la liberté individuelle. « Si on avait consulté les Canadiens sur ce point, j'aurais dit non au registre des armes à feu », résume le pasteur Steppan.

Rappelons que ce registre a été créé en 1995 par les libéraux de Jean Chrétien afin de répondre aux demandes des pacifistes affectés par les trop nombreux décès par balle dont les Canadiens étaient victimes. Des survivants de la tuerie de l'École polytechnique de Montréal, qui avait fait 14 victimes le 6 décembre 1989, ont notamment fait pression sur le gouvernement pour qu'il dresse la liste des armes légales. Ce registre s'appuyait sur de bonnes intentions, par exemple la volonté d'obtenir un portrait précis des armes en circulation et de faciliter les recherches dans le cadre des enquêtes lors d'homicides ou de blessures par projectile.

Seulement voilà : le système s'est révélé beaucoup plus complexe que prévu à mettre en place. Il a fallu embaucher du personnel, récrire les formulaires, consulter des spécialistes. En plus de devoir composer avec une opposition parfois hostile des principaux intéressés, les administrateurs du registre ont vite été dépassés par des problèmes techniques. Tout a dérapé.

Le dépassement de coûts, pour ce projet, est une pièce d'anthologie en soi, car son budget a dû être multiplié pour lui permettre de voir le jour : des deux millions de dollars prévus au départ, on a versé à ce projet la somme de un milliard de dollars.

Ce registre a fait couler beaucoup d'encre avant d'être aboli par le gouvernement Harper, le 5 avril 2013. Seules deux provinces, soit le Québec et l'Île-du-Prince-Édouard, participent encore au registre, ou à ce qu'il en reste, sur une base volontaire. En jetant ce registre au panier, le gouvernement Harper savait ce qu'il faisait : amadouer les électeurs d'un coin de pays attachés à leur fusil comme à un symbole identitaire. On ne peut que lui donner raison sur la justesse de sa stratégie. « Je ne peux imaginer ma vie sans arme à feu, affirme Brad le plus sérieusement du monde. Cela définit qui je suis, ce que je suis et ce avec quoi j'ai grandi. »

La veille encore, accompagné de ses neveux et de ses frères, il s'est rendu à l'arrière de sa grange pour tirer quelques coups sur des cibles. C'était une partie de la fête de famille. Un loisir que tous ont apprécié, précise-t-il.

Il croit que le Québec ne comprend pas la culture de l'Ouest. La création d'un registre des armes à feu en était une démonstration supplémentaire. « Je n'ai pas à m'excuser de le dire : j'aime tirer. C'est ce que je suis ! »

Si le Canada ne comprend pas l'Ouest, la solution à cette mésentente est toute simple à ses yeux : la sécession. « Qu'arrive-t-il lorsque tu jettes du bois dans un feu ? Celui-ci s'intensifie, n'est-ce pas ? Difficile de penser garder une nation unie avec cette philosophie. Alors des gens commencent à dire : si le Québec ne se sépare pas, peut-être devrions-nous le faire à sa place. »

Guylaine lui demande s'il a vu le film *Bowling for Columbine*, de Michael Moore, qui dénonce la passion meurtrière des Américains pour les armes à feu. Oui, il a vu ce documentaire, mais ça n'a pas ébranlé ses convictions. Au contraire. Pour se défendre contre des gens qui disjonctent, rien de mieux qu'une bonne carabine. « Une arme ne se met pas en joue toute seule. Il y a des gens qui la tiennent. Ce sont eux qui sont dangereux. Que peut-on faire contre ces gens ? Utiliser notre arme. »

C'est à qui tirera le premier, finalement.

Dieu appelle en Saskatchewan

Au Québec, on s'étonne souvent de la puissance du lobby pro-vie sur Ottawa. En allant à la rencontre des gens dans la province la plus pro-vie du Canada, l'équipe a voulu mieux comprendre les enjeux liés à cette question. « Nous voulions écouter les gens sans les juger… leur faire livrer le fond de leur pensée », relate la réalisatrice.

Ses recherches la dirigent vers Denise Hounjet-Roth, qu'elle joint par téléphone. « Son fils allait devenir diacre lors de notre visite. Nous filmerions d'ailleurs la cérémonie avant de faire l'interview avec un groupe de militants », poursuit Guylaine Maroist. Cela s'est passé à l'église de Rosetown, au cœur de la vallée du blé, à une centaine de kilomètres de Saskatoon.

Un groupe de personnes réunies dans une église témoignent de leur amour de Dieu et de leur attachement au message de Jésus, et confient quelques idées politiques. Mme Hounjet-Roth, une des militantes de la coalition Campaign Life Coalition, se dit très politisée, mais n'adhère à aucun parti. Le jour des élections, elle choisit les candidats en fonction d'un seul critère : est-il pro-vie ?

— On dirait que Dieu appelle plus de gens en Saskatchewan qu'ailleurs, fait remarquer l'intervieweuse.

— C'est peut-être à cause d'organismes comme Catholic Christian Outreach, National Evangelisation Team et Face to Face, explique Denise Hounjet-Roth. Chaque année, ces organismes organisent une grande rencontre avant la veille du jour de l'An. De 400 à 600 jeunes y participent. Ils écoutent des sermons, assistent à des conférences ; certains vont plus loin. Ces mouvements ont commencé petit, mais ont grossi. Notre fils a rencontré beaucoup de jeunes qui sont attachés à la religion. La cérémonie d'aujourd'hui célébrait son entrée comme diacre. Pour nous, ça a été un événement important. Vous avez vu tous ces jeunes qui sont venus témoigner pour lui ?

— C'est un grand engagement devenir diacre. Comment expliquer que les jeunes retournent à ça ?

— C'est Dieu qui les appelle, comme les jeunes l'ont dit ce soir. Un animateur me confiait qu'il était capable de remarquer qui avait la vocation. « Je les vois, ceux qui sont appelés par Dieu, me disait-il. Je les connais tous, mais ils ne le savent pas encore. Certains ne veulent pas répondre. Mais Dieu les appelle. »

Ces propos semblent anachroniques pour la Québécoise, née durant la Révolution tranquille, un mouvement général de déconfessionnalisation qui a fortement ébranlé l'Église.

— Vous avez créé un groupe opposé à l'avortement. Pourquoi ?

— Notre groupe s'appelle Campaign Life Coalition Saskatchewan. On en a eu assez, là. On perd 40 petits par semaine dans cette province. C'est une salle de classe chaque semaine. Ces enfants-là sont retirés du corps de leur mère, puis ce n'est pas beau. C'est assez !

— La Loi sur l'avortement, rendant cette intervention légale, date pourtant de 1968[6].

---

6. Dès 1967, Pierre Elliott Trudeau, alors ministre de la Justice, travaille à une réforme du Code criminel devant décriminaliser l'avortement et l'homosexualité. Son « bill omnibus » constitue un point tournant dans la lutte pour le droit à l'avortement au Canada, qui aboutira en 1988, à la suite du procès du Dr Henry Morgentaler, à un jugement de la Cour suprême du Canada dépénalisant la procédure.

— On est restés pro-vie en Saskatchewan, même si cette loi a été adoptée, répond fièrement Denise. Même en ce moment, dans notre province après les élections, 13 des 14 députés sont pro-vie. C'est formidable !

Denise rappelle que la loi permettant l'avortement libre et gratuit a été adoptée malgré les représentants de la Saskatchewan qui s'y étaient opposés par tous les moyens possibles. Des militants avaient fait parvenir à Ottawa des pétitions pour stopper ce projet de loi. En vain. Pourquoi l'opinion des Saskatchewanais n'a pas été prise en compte ? Selon elle, c'est parce que la province ne dispose pas d'un poids démographique suffisant pour infléchir une décision d'intérêt national.

Au printemps 2011, en pleine campagne électorale fédérale, un député conservateur de la Saskatchewan, Brad Trost, qui sollicitait un nouveau mandat dans sa circonscription de Saskatoon-Humboldt, défendait la décision de son gouvernement de supprimer le financement fédéral à Planned Parenthood, un groupe d'aide internationale qui offre des services d'éducation sur la fertilité, des services de planification familiale et d'avortement[7]. « C'est une honte absolue que cette organisation et d'autres du même genre reçoivent ne serait-ce qu'un cent des contribuables canadiens », a-t-il affirmé devant une assemblée de militants pro-vie[8]. C'était d'ailleurs

7. « Avortement : le premier ministre de la Saskatchewan réagit aux propos de Brad Trost », site web de Radio-Canada, 21 avril 2011, http://elections.radio-canada.ca/elections/federales2011/2011/04/21/015-trost-avortement-reaction-sask.shtml.
8. Hélène Buzzetti, « Merci aux pro-vie », *Le Devoir*, 21 avril 2011.

grâce aux efforts de ces gens que le gouvernement avait fini par couper les vivres à l'organisme communautaire.

Cette affirmation a forcé le premier ministre provincial, Brad Wall, pressé de questions par les journalistes, à préciser sa pensée en matière d'interruption de grossesse. « Brad Wall a reconnu être pro-vie, relate le service des nouvelles de Radio-Canada. Il a poursuivi en affirmant que son opinion personnelle ne devait pas avoir de conséquences sur la politique de son gouvernement et que cette dernière respectait la Loi canadienne sur la santé[9]. »

L'affaire est remontée jusqu'au premier ministre canadien, Stephen Harper, qui a dû affirmer clairement qu'il n'était pas question de rouvrir le dossier de l'avortement. La crise s'est calmée, mais le chef du Parti conservateur est régulièrement aux prises avec des membres de son propre parti qui veulent « sauver des bébés », c'est-à-dire les victimes des avortements. En décembre 2012, c'était le député de la Colombie-Britannique, Mark Warawa, avec une dizaine de collègues conservateurs, qui déposait une motion au Parlement pour empêcher « l'avortement sélectif » visant à choisir le sexe de l'embryon. Encore une fois, le chef avait dû prendre position contre son député pour répéter que le débat sur l'avortement était clos.

Pourquoi il y a des séparatistes en Saskatchewan ? Parce que ici, répond Denise, la majorité des gens sont

---

9. *Ibid.*

pro-vie. Pourtant, à Ottawa, on continue de permettre l'avortement. On parle même de légaliser le mariage chez les conjoints de même sexe. « C'est à cause de choses comme ça qu'existent des mouvements comme le Western Independence Party. C'est parce que le gouvernement fédéral ne nous écoute pas. L'Ouest n'a pas une population comparable à celle de l'Est. »

Les deux solitudes

En cette matière, l'Est et l'Ouest sont deux mondes idéologiquement opposés. Il y a bien sûr des groupes pro-vie au Québec, mais ils sont marginaux et discrets. Dans la plupart des livres d'histoire du Québec, et dans la mentalité en général, l'accès à l'avortement est un événement majeur venu soutenir la cause des femmes. Le Dr Henry Morgentaler, qui a laissé son nom à cette cause, est aujourd'hui considéré comme un précurseur, voire un héros pour avoir ouvert des cliniques d'avortement médicalement irréprochables. Ce résidant de Montréal avait subi d'interminables procès pour avoir défié la loi qui interdisait l'interruption de grossesse, sans parler des menaces de mort et de ses séjours en prison.

Est et Ouest se situeraient donc aux extrémités du spectre. Si on allait y voir de plus près ? Prenons des sondages d'opinion et faisons le test. Quand on isole des questions comme : « Êtes-vous pour ou contre l'avortement ? » ou encore « pour ou contre le registre des armes à feu ? », on obtient des réponses totalement différentes selon la région où vivent les participants.

Le Québec est plutôt pour le droit à l'avortement ; le Canada de l'Ouest, plutôt contre[10]. Les résultats de la Boussole électorale de 2011 sont éloquents à cet effet, et les résultats de cette enquête à participation volontaire sont aussi appuyés par de nombreux sondages réalisés auprès de la population à la même période. Toujours selon la Boussole électorale, à l'énoncé : « Le gouvernement devrait dépenser davantage pour l'armée », le Québec dit non ; l'Ouest dit oui. Le registre des armes à feu devrait-il être aboli ? Le Canada de l'Ouest dit majoritairement oui, et le Québec est plutôt contre. La situation est semblable sur l'enjeu environnemental. Le rejet du protocole de Kyoto par le gouvernement Harper a été très mal reçu par la population québécoise, alors que les électeurs de l'Ouest étaient plutôt d'accord avec cette décision. Ces divergences révèlent plus que jamais l'existence des « deux solitudes » canadiennes.

Le berceau du NPD

Pourtant, les gouvernements du Canada et du Québec doivent une partie de leur philosophie de gestion gouvernementale sociale démocrate à la Saskatchewan. C'est ici que le Nouveau Parti démocratique (NPD) du Canada est né, en 1961, d'une branche d'un parti social-démocrate du Canada, la Co-operative Commonwealth Federation. Création d'intellectuels de gauche et de syndicalistes agricoles, ce parti est apparu dans le paysage politique de la

---

10. Pour un aperçu des divergences opposant l'Est et l'Ouest : La Boussole électorale, www.boussoleelectorale.ca/resultats/federales.

Saskatchewan en 1934, à la suite de la fusion d'associations de fermiers.

Ce parti a pris le pouvoir en 1944 avec Tommy Douglas à sa tête, formant le premier gouvernement ouvertement socialiste d'Amérique du Nord. Son règne a duré 17 ans et a eu une influence déterminante sur le pays en tirant l'élite politique vers la gauche de façon durable et profonde.

Même si par la suite le NPD n'a jamais pris le pouvoir au Canada, ses filiales provinciales forment le gouvernement du Manitoba et l'opposition officielle dans trois autres provinces et territoires. Le chef élu en 2012, Thomas Mulcair, est le chef de l'opposition officielle en vertu de l'excellent résultat obtenu aux élections de 2011.

L'héritage de Tommy Douglas est donc encore très présent de nos jours. Ministre baptiste et franc-maçon, imprimeur de profession, le personnage lui-même a façonné l'imaginaire canadien. C'est cet homme qu'une émission diffusée à la télévision d'État en 2004 a couronné « plus grand Canadien » (*The Greatest Canadian*[11])

---

11. L'émission, dans le cadre de laquelle le public était invité à voter pour sa personnalité préférée, dont des vedettes plaidaient la cause, a eu un écho national, même si le réseau français de la télévision d'État n'avait pas embarqué dans l'aventure, entraînant une sous-représentation de Québécois. Le palmarès avait fait grand bruit au Canada anglais, mais avait été presque ignoré au Québec, sinon ridiculisé, car on trouvait parmi les 10 finissants le nom du commentateur sportif francophobe Don Cherry (septième). Les autres étaient Terry Fox, Pierre Elliott Trudeau, Frederick Banting, David Suzuki, Lester B. Pearson, John A. Macdonald, Alexander Graham Bell et Wayne Gretzky.

devant Wayne Gretzky et John A. Macdonald. C'est à Tommy Douglas que nous devons notre système de soins de santé universel et gratuit, d'Halifax à Vancouver, avec des variantes provinciales. Ce système fait l'envie de plusieurs démocraties, même s'il n'est pas sans faille.

Alberta, riche souveraine

Le 17 février 1982, dans la circonsciption d'Olds-Didsbury, en Alberta, Gordon Kesler cause une surprise de taille dans une élection partielle. M. Kesler est élu sous la bannière du Western Canada Concept, un parti qui prône « l'indépendance des provinces de l'Ouest et des Territoires du Nord-Ouest ». L'homme politique remporte facilement le siège en recueillant 42 % des voix.

La nouvelle crée une onde de choc dans tout le pays, qui n'en revient pas. Le mal séparatiste, cette menace constante à l'unité nationale, n'est-il pas confiné au Québec ? En effet, c'est la première fois depuis plus d'un siècle qu'un séparatiste est élu dans une circonscription fédérale hors du Québec. L'Alberta voudrait donc se séparer du Canada ? La population va jusqu'à élire un député qui défend cette option ? Aberration. *Shocking!*

Mais la démocratie a parlé. Au Parlement, le député solitaire prend parole. Il parle ouvertement de la souveraineté de l'Alberta, au grand dam du premier ministre provincial de l'époque, Peter Lougheed.

Le 22 mars 1982, un échange est transcrit dans les annales[1]. Kesler se lève et prononce le discours suivant: « Si l'Alberta ne peut pas obtenir une meilleure entente pour ses compagnies pétrolières, si elle ne parvient pas à mieux contrôler son agriculture, si l'Alberta ne peut pas stopper la conversion compulsive au système métrique, si elle ne peut stopper le bilinguisme et si les droits des Albertains pour la liberté et le patrimoine continuent d'être ignorés par le gouvernement central, le premier ministre prendra-t-il les mesures pour faire en sorte que l'Alberta quitte la Confédération canadienne ? »

Le premier ministre se lève à son tour. Il répond non de façon claire et sans équivoque. L'Alberta, affirme-t-il, continuera de s'assurer « que les droits et les intérêts des citoyens albertains à l'intérieur de la Confédération canadienne demeurent pleinement respectés ». Elle est et restera une province canadienne.

L'année 1982 est symboliquement chargée pour le fédéralisme canadien. On adopte enfin la Loi constitutionnelle du Canada, marquant la fin de l'autorité de la Grande-Bretagne sur son ancienne colonie. Pour rapatrier sa Constitution, le gouvernement canadien tente d'obtenir l'unanimité des provinces, mais le Québec manque à l'appel. Le premier ministre Pierre Elliott Trudeau décide de s'en passer et a recours à la clause dérogatoire pour faire passer cette fameuse loi. Malgré tout, ce rapatrie-

1. Cité dans Michael Wagner, *Alberta: Separatism Then and Now*, St. Catharines, Freedom Press Canada, 2009, p. 70.

ment est un grand pas pour le pays qui voit ainsi prendre fin plusieurs siècles de colonialisme. Partout, dont en Alberta, on veut souligner avec faste cette petite déclaration d'indépendance. Gordon Kesler vient vraiment jeter une ombre sur cette fête.

Le député séparatiste saisit l'occasion. Lorsque les débats portent sur le type de célébrations que l'Alberta souhaite organiser pour rappeler cet événement historique, Kesler demande si les autorités ont pensé mettre les drapeaux des édifices gouvernementaux en berne afin de signaler symboliquement un deuil national. Son intervention est ignorée par les élus.

Il reviendra à la charge, quelques mois plus tard, pour reprocher aux négociateurs canadiens qui ont rédigé la nouvelle Constitution de ne pas avoir suffisamment enchâssé des articles protégeant les droits de propriété privée. Il suggère de recourir à un référendum pour consulter la population à cet égard. Encore une fois, ses élans oraux sont sans écho.

Même si le règne de M. Kesler sera de courte durée (il perdra son siège en novembre suivant, ne récoltant que 18 % des votes), il aura tout de même marqué l'histoire. Aujourd'hui, il est parfois cité comme le précurseur de l'indépendance albertaine, un pionnier. Peut-être lui élèvera-t-on une statue, un jour…

Aux racines de l'autonomie

L'idée de souveraineté en Alberta prend racine au milieu des années 1930, alors que l'Alberta Social Credit Party est appelé à former le gouvernement dans une province durement frappée par la crise économique. Ce parti est bâti sur des valeurs chrétiennes : valorisation de la famille, enseignement de la Bible à l'école, interdiction du commerce de l'alcool. Les lois prohibitionnistes sous ce parti sont si sévères qu'il est interdit aux compagnies aériennes de servir de l'alcool lorsque leurs avions survolent l'Alberta. Le parti veut que tous les citoyens profitent de l'enrichissement collectif, ce qui est une planche de salut pour les agriculteurs qui survivent difficilement au krach boursier de 1929. Ce parti populiste fera des petits jusqu'au Québec, où le Ralliement des créditistes de Réal Caouette s'en inspirera largement.

Le fondateur du Crédit social d'Alberta est le pasteur baptiste William Aberhart (surnommé « Bible Bill »), premier ministre de l'Alberta de 1935 à 1943, qui, sans être ouvertement séparatiste, s'acharne pour que sa province acquière d'Ottawa des pouvoirs accrus en matière économique. En créant l'Alberta Treasury Branch, en 1938, c'est rien de moins que le contrôle des banques qu'il tente de mettre en place avec l'approbation des élus de son parti, largement majoritaire.

Malheureusement pour lui, cette idée de contrôle des banques est déclarée inconstitutionnelle par la Cour suprême du Canada qui tranche : la politique fiscale relève du gouvernement central et d'aucune autre autorité.

Le premier ministre pasteur proposera alors d'autres mesures autonomistes qui embêtent Ottawa. Le lieutenant-gouverneur d'Alberta, John C. Bowen, envisage d'utiliser son pouvoir pour destituer le premier ministre, mais y renonce. En vérité, celui-ci est si populaire qu'il reviendra au pouvoir aussitôt. L'Alberta Social Credit Party demeurera au pouvoir de 1935 à 1971, faisant pratiquement de l'Alberta un système à parti unique.

L'Alberta est à cette époque la province la plus pauvre du Canada. Mais en 1947, un véritable miracle se produit. On découvre dans le sous-sol de la région de l'Athabaska d'immenses réserves de pétrole. L'avenir le confirmera : ces gisements sont parmi les plus gigantesques de la planète.

Cette découverte a le potentiel d'enrichir la province dans la mesure où on parviendra à extraire le combustible des sables bitumineux où il est emprisonné. La technique est ardue, mais efficace. L'or noir transformera le destin de l'Alberta. On estime aujourd'hui que l'Alberta possède la deuxième réserve souterraine de pétrole après l'Arabie saoudite.

Bon pétrole…

Les produits pétroliers (pétrole, huile, gaz et dérivés) sont la fierté de Roger Gibbins, qui a présidé de 1998 à 2012 la Canada West Foundation, un groupe de pression non partisan qui existe depuis les années 1970 afin de défendre les intérêts de l'Ouest canadien. Auteur de 22 livres et titulaire d'un doctorat en sciences politiques, M. Gibbins est persuadé du potentiel de sa province. « L'Alberta est riche. Le pétrole a joué un rôle important dans la définition de la province et de notre vision de l'avenir. »

Il rappelle que les Américains ont été d'importants investisseurs dans ce secteur, mais que des Européens (Norvège et France) ainsi que des Asiatiques (Chine et Corée) prennent aujourd'hui la relève. D'ailleurs, plusieurs se demandent pourquoi, dans les écoles primaires de Calgary, on impose aux enfants le français comme langue seconde. « Le chinois serait plus utile ! »

L'enjeu, désormais, est d'acheminer le pétrole produit à partir des réserves souterraines vers les marchés du Sud et de l'Est, et la construction de pipelines est ardemment souhaitée par l'industrie. « Nous sommes une petite province et nous produisons beaucoup plus que ce que nous consommons. C'est pourquoi nous devons exporter », résume Gibbins.

L'invité tient à parler de ce qu'il appelle « l'aliénation de l'Ouest », une conviction largement partagée, voulant que la contribution des provinces des Prairies et du Pacifique n'ait pas été suffisamment reconnue au Canada. « Et nous n'avons jamais été intégrés pleinement dans le processus de prise de décision du fédéralisme canadien. »

Depuis les années 1970, les Albertains flirtent avec l'idée de souveraineté de façon irrégulière, mais constante. Le mouvement indépendantiste demeure marginal en raison d'une carence en leaders forts. « Ils proviennent de petites villes de la province ou sont des politiciens locaux en perte de vitesse. Aucun chef capable de soulever la province n'est apparu dans le paysage politique. »

Il est vrai, ajoute-t-il, que les Albertains eux-mêmes ne se considèrent pas comme un peuple distinct. « L'Alberta est trop petite pour se voir comme un pays indépendant. » La population totale de la province équivaut, *grosso modo*, à celle de la grande région métropolitaine de Montréal. Pour Gibbins, l'attachement au Canada s'explique ainsi, mais c'est un attachement conditionnel. Les Albertains souhaitent mettre fin à cette aliénation de l'Ouest et jouer un rôle plus important dans la destinée du pays. Un sujet comme la réforme du Sénat du Canada – qui indiffère les Québécois – est ici un enjeu majeur. « Comme nous ne représentons que 9 ou 10 % de la population, nous n'aurons jamais une très forte présence au Parlement. Le Sénat est une institution où nous pouvons assurer une meilleure représentation. »

Pour Gibbins, l'Alberta se porte très bien aujourd'hui sur les plans de la croissance économique et de la croissance de la population. L'avenir apparaît radieux pour ses habitants. Ceux-ci n'accepteront plus de jouer les seconds rôles dans l'évolution du pays.

... sale pétrole

L'exploitation des sables bitumineux de l'Athabaska est peut-être la poule aux œufs d'or de l'Alberta, mais elle soulève la controverse à l'intérieur et à l'extérieur du pays. Pour les principaux partis fédéraux, cette industrie représente une incohérence environnementale heurtant les principes du développement durable et du protocole de Kyoto, même si on reconnaît sa valeur économique.

Pour l'Alberta et l'ouest du pays, le pétrole canadien est plutôt une source de fierté…

Quand le prestigieux magazine *National Geographic* publie un reportage sur les sables bitumineux albertains dans son édition de 2009, il plonge la diplomatie canadienne dans l'embarras. Le premier ministre Harper doit rencontrer la même semaine le président américain, Barack Obama, afin de négocier un traité sur l'énergie propre. Le magazine, qui compte quelque 50 millions de lecteurs dans 32 langues, montre des images de forêts luxuriantes remplacées par des zones ravagées et des chantiers dignes de la révolution industrielle. Le chef du Parti libéral de l'époque, Michael Ignatieff, monte au front pour défendre cette industrie. « Le destin de l'économie de notre pays réside dans l'Ouest », a-t-il dit à Edmonton en 2009[2], appuyant la production pétrolière. Il se fait quelques amis en Alberta, mais récolte les remontrances de tous les écologistes du pays

Alors chef du Bloc Québécois, Gilles Duceppe dénonce les propos de son homologue libéral. « Quand il nous dit que les sables bitumineux, c'est une question d'unité nationale, c'est vrai pour les Canadiens. Moi, comme Québécois, je trouve que c'est une raison de plus de faire la souveraineté », lance le politicien à la Chambre des communes[3].

---

2. Hélène Buzzetti, « Michael Ignatieff: Un chef à définir », *Le Devoir*, 18 avril 2009.
3. Joël-Denis Bellavance, « Sables bitumineux: L'Alberta préfère Ignatieff à Harper », *La Presse*, 9 juin 2009.

Rappelons que, si les quantités de pétrole brut emprisonné dans les nappes souterraines de l'Alberta sont phénoménales, leur extraction est parmi les plus exigeantes et les plus polluantes du monde. Le prix environnemental est élevé.

Pour extraire cet or noir, le plus simple est de creuser une mine à ciel ouvert; c'est donc la totalité du terrain en surface qui est rasé et détruit à 100 %. Puis l'extraction nécessite une machinerie lourde qui dépense une bonne quantité de gaz à effet de serre (GES). On déplace alors les matières extraites jusqu'en usine pour les transformer. Le produit pétrolier est obtenu grâce à un procédé à l'eau chaude capable de séparer le bitume des sables; cette étape exige l'énergie d'une centrale thermique sur place. Des techniques moins invasives, du moins à la surface, ont été mises au point au cours des dernières années. Il s'agit de creuser des puits dans des sites qui seront injectés de vapeur d'eau très chaude (à 300 degrés Celsius) pour en recueillir le pétrole brut liquéfié. D'une manière ou d'une autre, une étape de transformation est nécessaire par la suite afin de permettre la commercialisation; elle consiste en l'ajout d'une bonne quantité de gaz naturel pour diluer le combustible.

L'impact de l'exploitation sur les écosystèmes est certain. Même si les lois obligent les entreprises à remettre un sol dans l'état où il était avant l'exploitation, la plupart des mines demeurent à ciel ouvert longtemps après l'activité industrielle. La compagnie a disparu, a fait faillite ou contourné les règles.

Il y a un prix à payer à l'échelle nationale pour toute cette activité chimique. Les rejets toxiques dans l'air et dans l'eau sont multiples et abondants. Gaz à effet de serre, dioxyde de soufre, oxydes d'azote sont rejetés dans l'atmosphère. En 2003, l'Alberta est couronnée « capitale canadienne de la pollution atmosphérique » avec des rejets de près de 1,5 milliard de kilos de GES. Le portrait n'est pas moins sombre au chapitre de la pollution de l'eau, car c'est dans les lacs et rivières que se dirige l'essentiel des rejets liquides. Ceux-ci, bien sûr, traversent les frontières.

Avec sa caméra, Éric Ruel part tourner des images à Fort McMurray. Les conditions n'y sont pas faciles. Les gens qui veulent filmer dans cette région de la province font l'objet d'une surveillance rapprochée. Il y a de quoi. Les paysages sont apocalyptiques. « C'était très important de prendre le pouls de la capitale énergétique de l'Ouest, dit-il. Si l'argent est le nerf de la guerre, le pétrole en Alberta est le levier du pouvoir. »

Dans une lettre qu'elle fait paraître dans *Le Devoir* en juin 2014[4], l'écrivaine Nancy Huston mène la charge contre l'exploitation des sables bitumineux. Elle décrit ceux-ci comme une « substance gluante, puante et extrêmement corrosive » qu'il faut acheminer dans des raffi-

---

4. Nancy Huston, « Alberta, l'horreur merveilleuse », *Le Devoir*, 17 juin 2014, www.ledevoir.com/politique/canada/411159/alberta-l-horreur-merveilleuse-1-l-humanite-sur-sables-mouvants.

neries en Chine, au Texas ou au Québec par des pipelines qui fuient. Un désastre à ses yeux.

Albertaine de naissance, l'auteure de *Cantique des plaines* vit en France depuis les années 1970, mais elle réalise en se rendant dans sa province que tout y a changé. En apparence, la société albertaine se porte bien. L'économie roule à plein régime; l'argent est partout. Le miracle albertain se compare à la ruée vers l'or du Klondike au XIXe siècle. Les nouveaux immigrants s'y dirigent dans l'intention de s'enrichir; les emplois sont nombreux, payants, et la qualité de vie est parmi les meilleures du monde. « Ici, il n'y a pas de Pussy Riot, pas de Dixie Chicks, et peu de dissidents car regardez autour de vous : chez nous, personne ne souffre ! […] On roule en *pick-up*, en VUS, en grosse moto, en faisant bien vrombir le moteur pour que tout le monde sache qu'on est là ; on ne croit apparemment pas qu'il y a un problème de pollution, ou du moins que cela nous concerne[5]. »

La complainte de Nancy Huston, les Albertains l'ont entendue souvent. Ils tiennent à leur industrie, peu importe ce qu'on en dit. L'extraction du pétrole et la transformation du brut polluent ? Bien oui, mais ça n'empêche personne d'utiliser son auto, son bateau et de prendre l'avion. Et puis, au fait, que sont vraiment ces gaz à effet de serre ? Existent-ils ? Sont-ils aussi néfastes qu'on le dit ? Et si le pétrole était un carburant propre ?

---

5. *Ibid.*

Le journaliste Ezra Levant publie en 2010 le livre *Ethical Oil: The Case for Canada's Oil Sands*[6], qui obtiendra un succès de librairie à l'échelle du pays et sera couronné l'année suivante par le National Business Book Award. Le propos de ce livre, c'est que le pétrole de l'Alberta est plus « éthique » que celui produit par les grands pays exportateurs comme l'Arabie saoudite, l'Iran, le Koweït, l'Iraq ou d'autres membres de l'O.P.E.P. L'auteur profite de l'occasion pour critiquer les organismes comme Greenpeace qui, selon lui, ont beaucoup trop d'influence sur les démocraties. Du pétrole propre en Alberta ? Oui, bien sûr.

Selon Levant, l'idéologie dominante, influencée par le fort courant environnementaliste, a exagéré les effets néfastes de la production pétrolière de l'Alberta. Celle-ci n'aurait rien à envier à ses concurrents tant sur le plan du respect de l'environnement que sur ceux de l'effet sur le tissu social, de la liberté d'expression, des droits de la personne.

Même si la thèse de Levant sera hautement contestée de tous les côtés, elle arrive à un bon moment pour le gouvernement Harper. Celui-ci se cherche des arguments pour alimenter ses discours de soutien à l'industrie pétrolière de l'Ouest.

Il faut dire quelques mots sur ce M. Levant, aujourd'hui animateur-vedette de Sun News Network. Juriste formé

---

6. Ezra Levant, *Ethical Oil: The Case for Canada's Oil Sands*, Toronto, McClelland & Stewart, 2010.

à l'Université de Calgary, cet Albertain a tous les traits de l'intellectuel typique de l'Ouest, conservateur et néolibéral assumé. C'est également un indépendantiste ! En 1995, en pleine campagne référendaire québécoise, il prend position pour le oui dans le *Calgary Sun*. Pourquoi ? Parce que la séparation du Québec serait, à son avis, l'événement déclencheur d'une suite de défections majeures. L'Alberta entrerait rapidement dans la danse.

En 2004, Levant fonde le *Western Standard*, journal faisant état des revendications de l'Ouest canadien. C'est dans cette publication que le retentissant sondage sur l'indépendance de l'Ouest est diffusé. Le sondage sera repris par le *National Post*, qui trouvera une lectrice intéressée dans l'arrondissement Rosemont, à Montréal…

Un sondage évocateur

En effet, un des points de départ du documentaire *Les États-Désunis du Canada* est la publication, en 2005, d'un article du *National Post* rapportant les résultats d'un sondage mené auprès des gens de l'Ouest canadien sur leurs velléités séparatistes. À la question « Les Canadiens de l'Ouest devraient-ils commencer à explorer l'idée de fonder leur propre pays ? » le tiers des gens interrogés (35,6 %) répondent par l'affirmative[7].

Quand on observe les résultats par province, on obtient une proportion encore plus élevée chez les

7. Kevin Steel, « A nation torn apart », *Western Standard*, 22 août 2005, www.westernstandard.ca/website/article.php?id=928.

Albertains (43 %), les habitants de la Saskatchewan (33,6 %), de la Colombie-Britannique (32,1 %) et du Manitoba (28,8 %) s'étant montrés un peu plus réticents à s'imaginer séparés.

Ce sondage a beaucoup fait parler de lui, notamment en raison de son caractère sensationnaliste. Peut-on vraiment parler de mouvement indépendantiste avec une question aussi ambiguë que celle-là ? « Explorer l'idée » de la séparation ne signifie pas qu'on s'apprête à voter oui. Rien n'empêche un fédéraliste pur et dur, par exemple, de « commencer à explorer l'idée » d'une sécession sans qu'il soit une seconde d'accord avec un tel projet.

Il n'en demeure pas moins que, dans cette consultation publique, l'Alberta se montre plus encline que n'importe quelle autre province voisine à flirter avec l'idée de former un pays.

Cela surprend-il ? Pas si on considère que la population perçoit depuis longtemps l'administration canadienne comme la grande responsable d'un exode des capitaux provinciaux vers le gouvernement central, qui pourrait être jugulé par la gestion des pleins pouvoirs en matière de taxation.

Un autre sondage sur une question similaire démontre, 3 ans plus tard, que l'éclatement du pays n'effraie pas un nombre significatif de Canadiens (15 % d'un océan à l'autre). En tout cas, comme en témoignent les résultats de cette consultation de la firme Ipsos-Reid, 18 % des Albertains se disent ouvertement séparatistes. Parmi ces derniers, 7 % des répondants favorisent une annexion aux États-Unis alors que la grande majorité veut son passeport, sa législation et ses institutions[8].

Une poussée séparatiste dans les plaines

Phénomène encore plus révélateur que les sondages d'opinion, de nouveaux partis voient le jour sur la scène politique. En plus du Western Canada Concept (WCC) s'ajoutent l'Alberta Independence Party et le Separation Party of Alberta. La plateforme de ces partis prévoit la séparation ou une autonomie accrue de la province. Leur nom est on ne peut plus clair. Ils semblent plaire aux Albertains de moins de 30 ans.

En 2001, l'Alberta Independence Party, qui n'était pas encore reconnu comme un parti officiel, présente 14 candidats aux élections générales, et récolte alors un peu plus de 7 500 votes. Ce parti se saborde à la fin de l'année et est remplacé, en 2004, par le Separation Party, dont les 12 candidats obtiennent cette fois près de 5 000 votes, soit 0,5 % du scrutin provincial du 22 novembre. Ce parti est aujourd'hui nommé Alberta First Party.

Tout au long du séjour de tournage en Alberta, l'équipe multiplie les rencontres avec des activistes de toutes sortes. Mais ce qui étonne ici, c'est que la question

---

8. CanWest News Service, « Provincial separation most pondered in Quebec, Alberta », *The Telegram*, 15 juillet 2008, www.thetelegram.com/Living/2008-07-15/article-1438998/Provincial-separation-most-pondered-in-Quebec-Alberta/1.

de l'indépendance de l'Ouest est une option sérieusement étayée et soutenue par des universitaires. Les penseurs néolibéraux de l'école de Calgary, par exemple, où ont déjà débattu l'actuel premier ministre canadien, Stephen Harper (ancien étudiant de l'Université de Calgary), le politologue Barry Cooper, l'historien Thomas Flanagan (longtemps conseiller de M. Harper au gouvernement) et quelques autres croient que le libre marché doit reprendre ses droits sur le territoire canadien. On veut moins de taxes, moins de l'État-providence, moins de programmes sociaux et un peu plus de libre entreprise. On remet même en question le système de santé tel qu'il a été soutenu par les gouvernements successifs à Ottawa. Jusque-là, il n'avait jamais été question de toucher à ce grand legs des années 1960. Et on souhaite obtenir le droit de porter librement des armes.

L'école de Calgary se veut le pendant canadien de l'école de Chicago qui, derrière le prix Nobel Milton Friedman, promeut une économie libérale pure. Elle rassemble des chercheurs et d'anciens étudiants de l'Université de Calgary qui ont pour objectif de pousser le Canada à droite tout en défendant la cause de l'indépendance de l'Ouest. Bien qu'elle n'existe pas formellement avec pignon sur rue, conseil d'administration et site web, elle a influencé suffisamment la classe politique pour qu'on puisse la reconnaître virtuellement. Ses idéologues ont documenté sa position dans de nombreuses publications et conférences.

Thomas Flanagan en est un des piliers. Cet écrivain et politologue américain brillant, dont on dit qu'il est le mentor de Stephen Harper, refuse d'abord les demandes d'entrevue pour le documentaire, mais Guylaine Maroist insiste. Elle veut que ce membre influent de l'Institut Fraser témoigne ouvertement de l'existence des séparatistes albertains. Après un troisième essai, elle parvient à lui parler au téléphone. Pas question de faire une entrevue filmée à ce sujet. Le ton est sans appel.

La réalisatrice ne se décourage pas. « J'ai pensé joindre son meilleur pote, Barry Cooper, en apparence plus ouvert et plutôt sympathique avec nous, explique-t-elle. Je propose donc à Cooper d'inviter son ami à faire l'entrevue avec lui. Ils pourraient se lancer la balle… Et j'aurais les deux ténors de l'école de Calgary… »

Barry accepte de parler à Thomas, qui se laisse convaincre. Le vent tourne même en faveur des Québécois puisque Flanagan invite l'équipe à filmer l'entrevue chez lui, dans une belle maison en banlieue de Calgary. La rencontre est une pièce d'anthologie pour quiconque s'intéresse aux éminences grises du nouveau pouvoir canadien. « Ils parlent de l'aliénation de l'Ouest, de l'absence d'une trame narrative commune dans le Canada, des valeurs canadiennes ou de leur disparition. Ils sont d'une franchise bouleversante par rapport au Québec en affirmant, par exemple, que l'Alberta se porterait beaucoup mieux si le Québec quittait la Confédération. Ils témoignent de la lassitude du Canada par rapport aux demandes du Québec. »

Cooper et Flanagan ne sont pas ouvertement séparatistes, trop heureux de voir leur poulain Stephen au 24, promenade Sussex. Ils sont toutefois sympathiques au mouvement. Cooper, chroniqueur au *Calgary Herald*, a d'ailleurs préfacé le livre de Michael Wagner sur le séparatisme albertain.

Qu'est-ce qu'être canadien ? Selon Flanagan, ce n'est guère plus que posséder un passeport orné de la feuille d'érable. D'autres valeurs communes ? « Il y aurait peut-être le hockey, mais je n'ai jamais joué au hockey et je n'ai pas envie d'aimer ce sport », ajoute-t-il, cynique.

Pour ces intellectuels, le Canada n'a pas de mythologie commune ou de récit fondateur partagé par l'ensemble du pays. On trouve de tels points d'ancrage aux États-Unis ou même au Québec… L'identité canadienne est un concept ambigu. Les Canadiens devraient se considérer comme des « sujets britanniques en Amérique », soupire Flanagan… Le seul fait de s'interroger sur cette question est symptomatique de l'anomie canadienne, estime-t-il. « Aux États-Unis, les gens ne discutent pas ces questions. Être américain, c'est évident pour eux ! »

Si les victoires militaires sont les jalons de la construction d'une identité, ajoute Cooper, « alors nous n'avons jamais été une nation, nous ne sommes pas une nation et nous ne serons jamais une nation ».

Certes, poursuit Flanagan, le Canada a ses frontières, un gouvernement et une population ; des délégués le représentent au sein de plusieurs instances internationales, ce qui lui confère une existence légale. Mais peut-on parler de nation ? Non. « Je crois qu'il y a une nation québécoise ; elle est fondée sur une mémoire commune – et des oublis communs. Mais quand vous sortez du Québec, ce concept devient vraiment moins clair. »

Il existe pourtant un nationalisme anglophone pancanadien, qui est très dynamique, fait remarquer Flanagan. « Mais il ne résiste pas à l'analyse. Quand on gratte un peu, ce discours se transforme rapidement en une rhétorique antiaméricaine. On y reconnaît nos velléités loyalistes. »

Et l'attachement à l'État-providence n'est-il pas une marque identitaire forte ? Flanagan bondit : « J'espère que ce n'est pas ce qui fait de nous des Canadiens ! Un agglomérat de paresseux assis sur leur cul et soutenus par des chèques gouvernementaux. Je veux dire, il y a beaucoup trop de cas du genre. Il ne faut pas confondre politiques publiques et identité nationale. »

Le bilinguisme ? « Excessivement important si vous voulez devenir bureaucrate à Ottawa ! », lance Barry Cooper. Pour lui, l'imposition du bilinguisme d'un océan à l'autre n'est pas un beau rêve. « C'est un rêve stupide ! »

Le droit de porter une arme est, pour eux, une valeur fondamentale qui divise plus que tout l'Est et l'Ouest du pays. Quand Barry Cooper est interviewé sur les ondes de la télévision d'État au sujet de la fusillade de l'École polytechnique le 6 décembre 1989, faisant 14 victimes, il affirme que Marc Lépine aurait causé moins de dégâts si les étudiants présents avaient transporté des armes dans leur sac à dos. Sous-entendu : ils auraient dégainé et tiré sur lui. « L'animateur pensait que je disais cela en blague. Non, je ne blaguais pas », relate-t-il.

En dépit des propos tenus – certains sont très durs à l'endroit des Québécois, perçus comme des profiteurs sans scrupule du miracle albertain –, le courant passe sur le lieu du tournage entre l'équipe et son hôte. Quand les caméras sont éteintes, Cooper refile quelques numéros de téléphone de personnes influentes dans la société albertaine. « J'aurais bien aimé rencontrer les gens dont il me parlait, des acteurs de l'industrie pétrolière, notamment. Mais ces personnes ne voulaient pas être associées publiquement, en tout cas pas maintenant, aux séparatistes albertains. »

Guylaine réussit à convaincre un homme de parler à visage découvert, mais le téléphone sonne à 6 h du matin, alors que l'entrevue est prévue à 11 h, à Edmonton. Il annonce qu'il ne s'y présentera pas.

Plusieurs autres appels resteront sans réponse. Le message qu'elle en garde, c'est que l'intelligentsia albertaine laisse une chance au gouvernement Harper. Mais au moment où le gouvernement va changer – et il changera, c'est inévitable –, le *boys club* sera prêt. Il aura de l'argent. Beaucoup d'argent. Il sera mieux organisé que les petits partis sans envergure qui ont existé jusqu'à présent. *Watch out!*

La meilleure option

Jefferson Glapski, courtier albertain travaillant dans le domaine de la finance, n'a pas peur d'afficher ses couleurs séparatistes. Convaincu et sans complexe. Il a été happé par cette conviction en 1991, après avoir lu un livre sur la Constitution canadienne écrit par un économiste de l'Université de l'Alberta, Paul Boothe. Dans cet ouvrage sérieux, la présentation des grands enjeux économiques de la région menait à trois scénarios réalistes pour l'avenir de la province :

1. L'Alberta devient un pays indépendant.
2. La province se développe dans un Canada décentralisé.
3. La province se développe dans un Canada encore plus centralisé.

« L'idéal pour l'Alberta, explique M. Glapski en entrevue, aurait été un pays décentralisé où la province aurait pu se développer et s'épanouir avec le reste du Canada. Mais ce scénario n'a aucune chance de se réaliser, j'en ai peur. C'est une impossibilité. Alors l'autre option, la seule souhaitable, est l'indépendance. »

Comme tout bon homme de chiffres, M. Glapski s'intéresse aux démonstrations claires. Or, les chiffres parlent d'eux-mêmes. Depuis 1961 et jusqu'à aujourd'hui, dit-il, les paiements de transfert de l'Alberta vers Ottawa se sont élevés à quelque 250 milliards de dollars… Une somme immense. Pour M. Glapski, le grand responsable de cet exode de capitaux s'appelle Pierre Elliott Trudeau. Ce chef politique a abusé des Albertains, et il n'hésite pas à le comparer à certains dictateurs totalitaires à cet égard.

« C'est pathétique. Cela est déjà un argument suffisant pour faire l'indépendance de l'Alberta », estime-t-il.

Son acrimonie envers le système canadien remonte à la création de la politique énergétique nationale, qu'il dit avoir personnellement subie durant son enfance. Il rappelle durant l'entrevue qu'il entendait tous les soirs son père commenter les effets dévastateurs de cette politique lors du repas familial. « Cela m'a marqué. Mon père relatait les désastres causés par le choc économique dans la région. Des hommes respectables perdaient leur emploi, des entreprises fermaient. Il y a eu des suicides. »

Depuis qu'il est en âge de tenir un volant, il s'est promis de ne jamais remplir son réservoir avec de l'essence achetée chez Petro-Canada. Cette société d'État symbolise tout ce qu'il déteste dans l'interventionnisme gouvernemental dans l'industrie pétrolière. Il ajoute qu'il voit parfois des plaques d'immatriculation indiquant le *credo* suivant : *I'd rather push this old heap than spend one nickel at Petro-Canada.* (Je préférais pousser cette vieille bagnole plutôt que de dépenser cinq cents chez Petro-Canada.)

Avec l'éventualité des libéraux de Justin Trudeau au pouvoir, les gens comme Glapski craignent l'adoption d'une nouvelle politique énergétique nationale ou d'un équivalent. Voilà qui est peu probable, car une telle politique aurait pour effet d'enflammer le nationalisme albertain. Tout politicien sérieux sait qu'il doit ménager les susceptibilités pour ne pas mettre le feu au pétrole.

« Les gens savent ce qui se passe, et un jour viendra où une majorité dira : « Assez, c'est assez ! »

Glapski a créé un site web capable de résumer sa pensée et ses objectifs politiques : FreeAlberta.com. Dans la boutique en ligne, on vend des t-shirts aux couleurs de l'Alberta. L'un d'eux est orné du mot « Kyoto » dans un cercle rouge traversé par une diagonale. Ici, on rejette vigoureusement les objectifs de réduction des émissions de gaz à effet de serre établis dans une entente adoptée à Kyoto, au Japon, en 1997 qui est entrée en vigueur en 2005, et que la plupart des pays occidentaux (y compris le Canada) ont signée[9].

Le site FreeAlberta.com présente sur sa page d'accueil un compteur qui augmente de plusieurs centaines de dollars chaque seconde. Il est encadré de la phrase « Ottawa has stolen… from Alberta this year ». Le 18 août 2014, il indiquait près de 8,8 milliards de dollars. Le site propose un résumé des griefs indépendantistes de l'Ouest : une politique énergétique nationale injuste pour les producteurs, la sous-représentation de la province auprès des instances gouvernementales, le coût de la péréquation, l'imposition du bilinguisme officiel qui n'a aucun sens pour les Albertains… Il brosse aussi un tableau récapitulatif des événements qui ont marqué l'histoire : des taxes imposées au transport ferroviaire plus élevées qu'ailleurs, un statut colonial de second ordre dès l'entrée dans la Confédération en 1905, des politiques protectionnistes

9. Le Canada s'est retiré de l'entente en 2011.

par rapport aux États-Unis et qui désavantageaient l'Ouest au profit des manufactures de l'Est… « Dans le film, nous n'avons pas tenté de contredire les propos des intervenants, nuance la documentariste. L'idée était de rapporter ce que les séparatistes pensent. Mais le gouvernement fédéral, surtout sous le règne de Jean Chrétien, a dépensé des milliards de dollars pour développer l'industrie des sables bitumineux… »

Au chapitre de la sécession et de la création de la république d'Alberta, Glapski évoque la Loi sur la clarté, adoptée en 2000 par Ottawa, pour évacuer la question référendaire. Celle-ci doit être posée de façon à ne laisser aucune place à l'ambiguïté. Par exemple, ce pourrait être : « L'Alberta doit-elle quitter le Canada et devenir un État indépendant ? » Après un référendum gagnant, ce serait au tour de l'Assemblée législative de la province de tenir un vote sur la question. Une reconnaissance internationale de la souveraineté albertaine serait souhaitable, par la suite, pour soutenir le nouvel État.

Il faut s'attendre à ce que l'autorité centrale n'accepte pas facilement de voir sa riche province faire sécession, créant un grand trou dans la géographie politique canadienne. Le mouvement Free Alberta espère une sécession pacifique, et évoque lui aussi, comme certains des partisans de Cascadia, l'exemple de la révolution de velours de décembre 1992. Il y a eu d'autres séparations à l'amiable : la Norvège et la Suède se sont séparées en 1905, comme Singapour et la Malaisie en 1965.

M. Glapski a beaucoup travaillé à la réalisation de ce site qui veut « donner une assise intellectuelle à l'indépendance albertaine ». Une analyse de la provenance des visiteurs montre que ceux-ci sont plutôt diversifiés. Une majorité d'Albertains et des sympathisants de la Saskatchewan et de la Colombie-Britannique, bien entendu, mais il y aussi de nombreux clics provenant des Maritimes, du Québec, des États-Unis et d'Europe.

Que pense-t-il du règne de Stephen Harper à la tête de l'État canadien ? Cela n'avantage guère l'Ouest en vertu de la nature même du pays, soutient-il alors. « Les choses ne peuvent pas changer fondamentalement, car il n'y a que trois millions d'Albertains, d'un côté, contre neuf millions d'Ontariens, sept millions de Québécois, sans compter les Maritimes[10]. C'est très peu dans la balance. Qui gagnera d'après vous ? Ils [les gens de l'Est] vont toujours gagner. C'est une lutte politique et ils ont la démographie de leur côté. »

L'activiste reprend l'exemple du protocole de Kyoto. Pour l'Est, c'était un *credo* majeur ; pour l'Ouest, c'est un obstacle au développement, presque une hérésie. « Ceux qui sont pro-Kyoto sont anti-Alberta ! » résume-t-il. Pourtant, ces gens n'ont absolument aucun scrupule à encaisser les chèques de péréquation, dont une bonne partie vient d'ici...

---

10. En date de 2013, Statistique Canada chiffrait plutôt ces populations ainsi : 4 025 100 Albertains ; 13 538 000 Ontariens ; 8 155 300 Québécois.

La route est longue vers la souveraineté, convient-il. Mais Glapski serait satisfait s'il parvenait à convaincre une seule personne d'adhérer à son projet. Il est certain de travailler au bien commun. « L'histoire de la lutte à l'esclavage aux États-Unis nous éclaire. Au début, les antiesclavagistes étaient des marginaux que personne n'écoutait. Ils continuaient malgré tout de dire que l'esclavage était une mauvaise façon de traiter les hommes et les femmes. Cette idée a fait son chemin. Les premiers militants savaient sans doute qu'ils ne verraient pas la fin de leur combat de leur vivant. Cela pourrait prendre 50, 75 ans. De la même façon, les personnes pour l'indépendance de l'Alberta pourraient être considérées dans l'avenir comme des visionnaires. L'histoire les reconnaîtra un jour. »

Ancien joueur de football, Jefferson Glapski était très malade lors de l'entrevue. Il n'a parlé de son état qu'à la toute fin, quand il a été questionné sur le sujet. Ses reins ne fonctionnaient plus et il attendait une transplantation d'organes. D'ici là, il devait subir des traitements de dialyse trois fois par semaine, à raison de cinq heures par séance. Il reçoit pourtant l'équipe de tournage avec affabilité et bonne humeur. Son message aux Québécois? « Bon [*sic*] chance! Ne lâchez pas. Votre départ du Canada nous aidera lorsque viendra notre tour. »

Le pasteur séparatiste

Michael Wagner est un rédacteur pigiste qui a beaucoup étudié le séparatisme albertain. À son avis, le mouvement demeure aujourd'hui marginal, mais le sentiment antifédéraliste est assez généralisé, lui. « Ce sentiment s'est véritablement déclenché lorsque le gouvernement minoritaire de Joe Clark, élu en 1979, a pris fin de manière brutale pour être remplacé par le gouvernement majoritaire de Pierre Elliott Trudeau, qui était peu aimé dans l'Ouest. Les Albertains ont eu le sentiment que ce premier ministre allait leur réserver une mauvaise surprise en matière de gestion de pétrole, et c'est ce qui est arrivé. Le Programme énergétique national est arrivé en 1980. »

Aussitôt, des groupes indépendantistes se sont organisés dans diverses régions de la province. Le mouvement a progressé, et les plus importantes manifestations de l'histoire, réunissant des milliers de sympathisants, ont vu le jour à ce moment-là. Rappelons qu'en 1982 Gordon Kesler est élu sous la bannière du WCC.

Lorsque Brian Mulroney prend le pouvoir avec les progressistes-conservateurs, en 1984, les Albertains recommencent à croire en un grand pays uni, où ils sentent qu'ils ont leur place. Sans être un des leurs – rappelons que Mulroney a grandi à Sept-Îles, au Québec –, ce premier ministre semble pouvoir incarner l'homme de l'Ouest, ou du moins porter ses espoirs. « Après quelques années, les Albertains ont réalisé que Mulroney ne livrait pas la marchandise. Particulièrement lorsqu'en 1987 son gouvernement a préféré Montréal à Winnipeg pour un important contrat d'aérospatiale », relate Michael Wagner.

Le 31 octobre 1986, le gouvernement de Brian Mulroney annonce en effet qu'il accorde un lucratif contrat d'entretien des CF18 à Bombardier, à Montréal, malgré une soumission plus basse de la firme Bristol Aerospace, à Winnipeg. La nouvelle fait scandale dans l'Ouest, au point de stimuler la fondation du Reform Party. D'une journée à l'autre, la sympathie générale pour le premier ministre se dégonfle. On ne croit plus aux conservateurs, Mulroney a trahi l'Ouest…

Le mouvement séparatiste prend de la vigueur jusqu'à ce qu'un autre parti régional, le Reform Party, l'absorbe à son tour. Celui-ci se dissoudra dans l'Alliance réformiste conservatrice canadienne pour subir un échec aux élections de 2000, remportant seulement 58 sièges au pays, contre 172 pour les libéraux. Encore une fois, les discours souverainistes trouvent des oreilles attentives dans l'opinion publique.

Il y a donc des hauts et des bas face à l'indépendance de l'Ouest. Mais le véritable tournant historique est le choc causé par le Programme énergétique national. « Cet événement a marqué l'Alberta par sa nature anticonstitutionnelle ; c'était une atteinte à nos droits », estime M. Wagner.

Cette politique imposée par le gouvernement Trudeau désavantageait l'industrie pétrolière de l'Alberta, au profit des régions orientales où se trouvait la base électorale de Pierre Elliott Trudeau. On percevait le gouvernement central comme l'exploiteur extérieur venant puiser dans le sol de l'Ouest des profits gigantesques, pour les utiliser à l'extérieur de la province. En s'octroyant le pouvoir de faire fluctuer les prix de vente d'une province à l'autre, gardant le prix sous la moyenne internationale, le Programme énergétique national perturbait les transactions.

« C'est comme si le gouvernement d'Ottawa était venu dans notre maison pour s'installer dans le salon », lança le premier ministre Peter Lougheed dans une célèbre adresse télévisée à la population. Dans les mois suivants, l'appui à la souveraineté a progressé « comme un feu dans la prairie », reprend Wagner. Les assemblées se multipliaient, et les sondages confirmaient cette remontée. L'Enquête Southam, en 1980, évaluait à 23 % les Albertains pour l'indépendance de la province. Un spécialiste de l'Université de Calgary, Warren Blackman, prédit la séparation de l'Ouest après une décennie.

La poussière est retombée par la suite et l'Alberta a connu, malgré tout, une richesse croissante grâce à son pétrole. L'appui à la souveraineté a décru au même rythme, mais sans s'effacer tout à fait, comme le démontre l'élection de M. Kesler en 1982.

« Tant que Stephen Harper sera premier ministre canadien, il est très peu probable qu'un mouvement séparatiste albertain gagne en popularité. À moins qu'il adopte une politique vraiment impopulaire ici, qui soulèverait la population. Tant qu'il [Stephen Harper] occupera son poste actuel, il y aura donc très peu de manifestations publiques pour l'indépendance de l'Alberta. S'il part, les choses pourraient changer rapidement... » M. Wagner estime que la présence de Harper à la tête de l'État canadien est en fait la seule raison pour laquelle le mouvement séparatiste albertain est actuellement en dormance.

Dans son ouvrage cité précédemment, *Alberta: Separatism Then and Now*, Michael Wagner énumère les principaux partis qui portent la cause séparatiste ou l'ont défendue. Outre le Western Canada Concept (bannière de Gordon Kesler), l'Alberta Independence Party et le Separation Party of Alberta, précédemment évoqués, on trouve l'Alberta First Party, qui n'était pas séparatiste à l'origine, mais l'est devenu quand le Separation Party a disparu et que ses membres ont essaimé. D'autres partis, comme l'Alberta Alliance, devenu le Wildrose Alliance en 2008, ne sont pas ouvertement séparatistes, mais fortement autonomistes. Même chose pour l'Alberta Party, qui favorise les politiques de gauche sans pour autant souhaiter la désunion du pays.

Au lendemain d'une élection fédérale qui déferait les conservateurs, tant les libéraux que les néo-démocrates au pouvoir pourraient réveiller l'ours qui dort, estime l'observateur politique. Dans sa recension du livre de Wagner, Barry Cooper affirme que le propos de l'auteur est ce que les universitaires considèrent comme un tabou. Il met la lumière sur « la grande fraude de l'unité nationale ».

« Occasionnellement, je ressens la même fibre patriotique qui m'a propulsé dans le séparatisme albertain; un sentiment d'impatience incontrôlable digne de l'adolescence, écrit Wagner dans son livre. Mais intellectuellement, je crois maintenant que le destin indépendant de l'Alberta est, pour le moins, incertain. »

Les choses étaient différentes en 1980, poursuit le militant, lorsque Pierre Elliott Trudeau (qu'il qualifie de « cryptosocialiste ») et ses sbires ont déclenché une guerre économique contre l'Alberta. La population s'est soulevée, mais avec une certaine retenue, comme si la révolte ne pouvait pas venir de cette province prospère, conservatrice, de nature peu rebelle. Elle a préféré souffrir en silence, mais en se promettant qu'on ne la lui referait plus. « Qui sait si un autre Pierre Elliott Trudeau ne réapparaîtra pas avec une nouvelle attaque contre l'Alberta ? Dans ce cas, je serais bien fou d'adopter une position définitive rejetant toute possibilité de sécession, contre vents et marées. »

L'entrevue est réalisée en 2011, alors que les conservateurs viennent d'être élus pour un deuxième mandat, dans un gouvernement majoritaire en plus. Si la tendance se maintient, comme dit la formule consacrée, un « autre Trudeau » pourrait devenir premier ministre canadien lors des prochaines élections…

Les plus conservateurs

Pour Wagner, les Albertains sont probablement les plus conservateurs de tous les Canadiens. Au fait, que signifie être conservateur ? Quelles sont les idées dominantes de cette idéologie politique ?

D'abord, répond-il, c'est un système économique qui donne le maximum de liberté à l'entreprise privée. L'économie est une des clés du conservatisme. « Non pas les ressources naturelles, les manufactures ou les usines, mais l'entrepreneur lui-même, au centre des préoccupations. La personne qui s'empare d'une idée et la mène jusqu'à la réalisation, la création d'emplois. » On est ici à l'opposé des idées progressistes qui veulent raffermir le pouvoir de l'État distributeur de richesses et protecteur de l'environnement.

Deuxième élément majeur de la pensée conservatrice : la famille comme noyau de la société. « Le conservatisme puise beaucoup dans les valeurs traditionnelles comme celles qu'on retrouvait dans les premières années du Canada, particulièrement en ce qui a trait à la famille. L'accent est mis sur la famille traditionnelle et les droits parentaux, notamment en matière d'éducation. »

L'avortement est une source d'incompréhension profonde entre l'Alberta et le reste du pays. Là, on n'arrive pas à comprendre qu'une population incapable de se reproduire suffisamment pour assurer sa survie jette autant de bébés dans les sacs à ordures. Voilà qui est incroyablement contre-productif ! « De plus, vous savez, les comportements homosexuels ne mènent pas à la reproduction humaine. Le mode de vie et les habitudes de personnes qui pratiquent la sexualité hors des liens du mariage ne produisent pas plus d'enfants. Ces valeurs ne tendent pas à valoriser les enfants. Cette dévalorisation a pour conséquence qu'on fait de moins en moins d'enfants. »

Évidemment, les débats sur le mariage homosexuel et les droits des gais ne durent pas très longtemps dans cette province. « Je crois que les Albertains sont les plus conservateurs des Canadiens en ces matières comme en ce qui concerne l'avortement, nuance Michael Wagner. Mais il faut faire une distinction entre les communautés rurales et les habitants des grandes villes. Je crois que si vous sondiez la population d'Edmonton là-dessus, vous verriez qu'on y partage des valeurs un peu plus libérales, en phase avec celles du reste de la population canadienne. »

L'immigration peut-elle combler les effets de la dénatalité ? Elle n'y parviendra pas seule ; une société qui dévalorise la famille et les enfants n'a aucun avenir, soutient M. Wagner, qui se décrit comme un « conservateur presbytérien ». Cette religion d'inspiration protestante est basée sur une interprétation stricte de la Bible et préconise l'enseignement à la maison, de façon à garder les enfants à l'abri des influences sociales. Pour M. Wagner et sa femme, cela signifie assurer la classe à leurs 10 enfants. Ce n'est pas toujours facile.

En plus d'assister à la messe le dimanche, les conservateurs presbytériens ont pour habitude de lire la Bible et de faire des prières en groupe. Ils permettent à leurs enfants de visionner des films qu'on trouve au club de location dans la mesure où ils bénéficient d'un bon encadrement parental.

La télévision commerciale leur est interdite… sauf *Hockey Night in Canada*.

L'intervieweuse veut savoir si, à son avis, la religion devrait être plus directement associée aux politiques gouvernementales. Le détenteur d'un doctorat en sciences politiques répond que toute action posée par une autorité politique est nécessairement teintée par des valeurs, et que celles-ci peuvent être associées aux religions, qu'on le reconnaisse ou non. « Je pense, répond-il, que chaque gouvernement est enraciné dans une vision particulière du monde, de sorte que les lois que le gouvernement adopte sont le reflet d'une vision particulière de la vie. Donc, à cet égard, je pense que chaque gouvernement est réellement ancré dans une religion, même s'il ne l'est pas consciemment. »

Après ce préambule, il poursuit : « Donc, oui, je pense que le christianisme doit se rapprocher du gouvernement du Canada. » Ce rapprochement, explique-t-il, rejetterait à coup sûr la notion de mariage entre conjoints de même sexe. Malheureusement, les valeurs chrétiennes se sont lentement dissoutes dans l'idéologie dominante depuis les années 1960. « J'aimerais que la perspective chrétienne soit plus présente dans l'administration publique qu'elle ne l'est actuellement. »

La décision de cesser de financer les cliniques d'avortement est, à ses yeux, une bonne nouvelle. Ce sont de petites choses comme celle-là qui font avancer les idées en vogue en Alberta. Même si le premier ministre Stephen Harper est un bon porteur de ballon… on aimerait qu'il aille plus vite.

Michael Wagner est-il séparatiste ? Dans son livre, il répond ainsi : « Je ne me considère pas comme un séparatiste, mais je suis un sympathisant à la cause. » Il souhaite « garder les options ouvertes. La situation de l'Alberta au Canada est raisonnablement acceptable en ce moment, mais l'avenir peut contenir quelques mauvaises surprises », estime-t-il.

Êtes-vous *ottawashed* ?

Écrivain et professeur émérite de philosophie politique à l'Université de l'Alberta, Leon Craig défend avec passion la thèse de la séparation de cette province. Au Calgary Congress, où quelques centaines de gens d'affaires et intellectuels du pays se réunissent annuellement pour discuter de l'avenir de la Confédération canadienne, son discours séparatiste récolte en août 2005 une longue ovation. Dans ce discours intitulé *Let's Get While The Getting Is Good* – ce qu'on pourrait traduire par « Allons chercher ce qu'on peut tandis que le contexte y est propice » –, il livre un des plus vibrants plaidoyers de l'histoire pour l'indépendance albertaine. C'est un triomphe. Plusieurs hommes d'affaires lui offrent de faire le saut en politique, mais il refuse. L'homme tient à son indépendance personnelle aussi…

Leon Craig a calculé que l'Alberta envoie annuellement au Trésor canadien la somme de 12 milliards de dollars, soit quelque 3 000 $ pour chaque homme, femme et enfant habitant la province, ou l'équivalent d'une voiture neuve par famille tous les trois ans. Oui, il y a eu des améliorations consenties aux Albertains pour alléger leur fardeau fiscal, admet l'universitaire. N'empêche, le philosophe propose un cas de figure à ses compatriotes et collègues : si le Canada n'existait pas et qu'une Alberta indépendante gérait ses affaires elle-même, accepterait-elle de se joindre à la Confédération ? Assurément pas, répond-il, frondeur.

La grogne est récurrente en Alberta envers le système fédéral. Et la tentation d'élire des réformateurs pour leur permettre de changer le système de l'intérieur est constante. Le problème, illustre Craig, c'est que les élus se font rapidement happer par la mentalité de la capitale ; ils sont *ottawashed*. « Qui que vous choisissiez, ces réformateurs s'installent autour du Parlement canadien. Et au fil des ans, ils deviennent très attachés à Ottawa et à sa culture. Donc je suppose que Preston Manning a été lui aussi *ottawashed*. Vous envoyez des réformateurs vous représenter, et ils perdent peu à peu leur zèle réformateur et deviennent très à l'aise comme membres du Parlement. Il est donc difficile d'espérer que vos élus fédéraux vont changer les choses et faire mieux pour l'Alberta et l'Ouest en général. »

M. Craig n'a aucune honte à se dire séparatiste pour de multiples raisons; émule du philosophe juif allemand Leo Strauss, qui considérait le libre marché comme seul mécanisme capable de répartir le bien commun, l'économiste albertain croit que l'État ne devrait pas intervenir dans les affaires privées, sauf pour favoriser les échanges économiques intérieurs et internationaux. Il pense que la menace séparatiste peut avoir un impact politique percutant au Parlement. « S'ils [des politiciens] veulent vraiment promouvoir une réforme sérieuse de la Confédération canadienne, la seule arme qui leur permettrait d'être pris au sérieux est la séparation. C'est le seul argument que nous avons. »

Selon Leon Craig, il existe une véritable mentalité de l'Ouest, héritée des pionniers. « Nous sommes plus individualistes, plus axés sur l'autonomie. Nous affrontons nos problèmes, nous assumons nos responsabilités. Le gouvernement ne doit pas se mêler de nos affaires. »

S'il devait écrire la Constitution de l'Alberta, le droit du citoyen de porter une arme serait un des principaux articles. « Je n'accepterais pas d'habiter une maison qui ne compte pas d'arme », dit-il.

« Pourquoi ? », demande l'intervieweuse. « Comment pourrais-je me protéger et protéger ma famille si des voyous entraient ? » Il montre une carabine « familiale » accrochée au mur dans le salon. Une arme héritée de son propre père...

Ses propos sont émaillés d'un fort sentiment négatif envers l'Est du pays, et particulièrement envers l'État québécois, qu'il qualifie de « socialiste ». « Ici, nous avons le sentiment que les Québécois sont ingrats ; ils se plaignent tout le temps. Pourtant, ils sont les bénéficiaires de tous les surplus envoyés par l'Alberta vers le reste du pays. Voici la perception, du moins : que les surplus engendrés par notre province servent à alimenter les choix idéologiques de la population québécoise. Voilà le facteur principal de frustration : que nous finançons le socialisme (*socialism lite*) québécois. Et comme de raison, le socialisme est plutôt populaire au Québec, qui a voté massivement pour le Nouveau Parti démocratique à l'élection fédérale du 2 mai 2011. Les Québécois n'ont même pas à payer pour leurs généreux programmes sociaux puisque nous sommes là pour les financer… »

Une des cibles favorites de Leon Craig est cette politique familiale instaurée par Pauline Marois à la fin des années 1990, offrant des services de garde à 5 $ par jour (passés à 7 $ depuis). « En Alberta, impossible de trouver des garderies à 7 $ l'heure ! » tonne-t-il.

Ce n'est pas tout : au Québec, l'éducation universitaire est presque gratuite… « Ici, nos étudiants paient de 8 000 $ à 9 000 $ par semestre. Comment le Québec peut-il se payer tout ça ? Eh bien, ils prennent notre argent ! »

Prêts, pas prêts !

Quand surviendra la séparation de l'Alberta ? Ce n'est pas demain la veille, déplore l'universitaire. « Nous ne nous sommes pas préparés pour la séparation puisque nous n'avons pas mis sur pied des institutions étatiques utiles pour un pays indépendant. Le Québec a créé sa force policière "nationale", puise sa part des impôts des particuliers, possède son plan de retraite, gère son propre système de santé. Tant que nous n'aurons pas acquis ces éléments essentiels de mise en place d'une véritable nation, nous ne nous approcherons pas du début de notre souveraineté ! »

L'Alberta, avant de devenir la riche terre souveraine dont rêve Leon Craig, devra faire le deuil de son attachement au Canada. Cela peut sembler paradoxal, mais les Albertains adorent la feuille d'érable (même si ce feuillu est rare dans la province !). « L'Alberta est la province la plus patriotique dans la Confédération, soupire-t-il. Plusieurs sondages l'illustrent. Je suis toujours stupéfait de l'enthousiasme entourant la fête du Canada, le 1er juillet. Je parie que nous avons la plus forte concentration de drapeaux au pays ; on en voit flotter sur les voitures ou accrochés aux fenêtres des maisons. Il y a beaucoup de fierté canadienne en Alberta. »

Bien avant de parvenir à la tête de l'État, rappelle Leon Craig, Stephen Harper a participé avec des collègues de l'Université de Calgary à la mise au point d'une stratégie nommée « mur pare-feu » (*Alberta firewall)* consistant à préparer une riposte rapide et efficace en cas de nouvelle atteinte aux droits ou aux biens des Albertains[11]. « Tout

---

11. Dans la lettre ouverte au premier ministre albertain Ralph Klein qu'on a baptisée *Firewall strategy*, publiée le 24 janvier 2001 dans le *National Post* (http://news.nationalpost.com/2012/04/14/wildrose-renews-idea-of-alberta-firewall-within-canada/), Stephen Harper et cinq cosignataires (Tom Flanagan, Ted Morton, Rainer Knopff, Andrew Crooks et Ken Boessenkool) proposent un programme albertain composé de plusieurs pouvoirs à obtenir d'Ottawa. Les principaux : création d'un plan collectif de retraite semblable à celui qu'on trouve au Québec ; droit de récolter des impôts sur le revenu des particuliers ; création d'une police provinciale « d'ici 2012 » ; réforme du Sénat. Ces nouveaux pouvoirs aideraient la province à « bâtir un avenir prospère capable de contrebalancer un gouvernement fédéral malavisé et de plus en plus hostile », écrivent-ils. Et de conclure : « La réussite de ce programme albertain nous semble légitime dans le respect de la Constitution du Canada. Si on le met en branle dès maintenant, il assurera l'avenir de tous les Albertains. »

est en place pour que nous décidions de notre sort ! » résume M. Craig.

Le respecté professeur a des idées bien arrêtées. Le mariage pour les conjoints de même sexe ? Pourquoi ne pas inclure les animaux, râle-t-il. L'avortement libre et gratuit ? « Hé ! on ne parle pas de choisir un rouge à lèvres ou une banque ! Non, j'appelle ça le droit de tuer. » La participation de l'armée canadienne en Afghanistan ? Enfin, dit-il, une mission a permis aux soldats de montrer de quoi ils sont capables dans une mission qui n'était pas liée au maintien de la paix…

Cela dit, selon lui, en raison de sa situation dans la cour arrière du plus puissant pays du monde le Canada est un allié naturel en politique internationale. Mais les liens avec les États américains du Nord vont beaucoup plus loin que ça. « Je ne crois pas qu'il existe une autre paire de nations sur la surface de la Terre qui aient une relation comparable à celle du Canada avec les États-Unis. Même l'Autriche et l'Allemagne ne se rapprochent pas de cette fratrie. Une grande partie de notre population est venue des États-Unis ; d'innombrables Canadiens vivent aux États-Unis cinq ou six mois par année ! »

Dans sa logique néolibérale, le professeur Craig croit que, si l'Alberta ne rompt pas ses liens avec le Canada d'ici une génération, le pays aura abaissé ses dernières barrières tarifaires de manière à laisser les gens d'affaires traiter librement avec les États-Unis. C'est l'autonomie ou la dilution.

Le temps d'un divorce

Pour Brian Purdy, avocat à la retraite qui a pratiqué dans les Territoires du Nord-Ouest ainsi qu'en Colombie-Britannique, le temps du divorce est arrivé entre l'Alberta et le Canada. Séparatiste ? Disons qu'il ne cache pas ses tendances autonomistes. « Mais je suis plus pour la souveraineté du Québec que pour celle de l'Alberta ! » lance-t-il en entrevue.

Explication : si le Québec quitte le Canada, peut-être que l'Alberta n'aura plus à le faire. « Toute ma vie, j'ai été témoin des efforts faits pour que le Québec se sente heureux au sein du Canada. On n'y est pas parvenus. C'est donc le temps de divorcer. Je pense que le Canada serait un meilleur pays sans le Québec, État souverain. Nous aurions entre nous des accords commerciaux et de bons rapports de voisinage. »

Beaucoup de gens pensent que le Canada ne serait pas le même sans le Québec, relate le juriste. « Nous évoluons dans une confédération. Il peut s'ajouter une province et s'en retrancher une autre. Terre-Neuve est entrée dans la Confédération de mon vivant. Même chose pour le Nunavut, un nouveau territoire. Pourquoi l'Alberta n'en sortirait-elle pas ? »

Ce citoyen atypique consacre ses loisirs à photographier des femmes d'un certain âge, et il est heureux de partager ses œuvres – des nus pour la plupart –, avec l'équipe de tournage entre deux scènes dans sa maison cossue de Calgary.

La souveraineté, une affaire de raison

Bruce Hutton a été élevé en Alberta par un père qui voyait la vie avec deux *c*. Un *c* minuscule pour « conservateur » et un *C* majuscule pour « Canadien ». Mais pour ce travailleur pragmatique, les choses ont changé depuis son enfance ; il est peut-être lui aussi resté conservateur, mais pas nécessairement canadien. Aujourd'hui, il évalue la dimension économique de toute chose.

« Le mouvement séparatiste, ici, est une affaire de raison. C'est strictement financier », lance en entrevue cet ancien policier de la Gendarmerie royale du Canada. Bruce pense que le Québec souhaite s'affranchir du gouvernement canadien pour des raisons culturelles, historiques, identitaires. Pour l'Alberta, les choses sont plus simples.

Lui aussi arrive à l'entrevue bien préparé, avec des chiffres sur les milliards de dollars transférés au gouvernement fédéral. « Ce gouvernement ne nous rend pas la monnaie de notre pièce, dit-il. Preston Manning scandait le slogan de son parti : *The West Wants In* (L'Ouest veut se faire entendre). Au cours des dernières années, c'est devenu : *The West Wants Out* (L'Ouest veut sortir). Nous voulons gérer notre propre argent et nous occuper de notre propre pays ! C'est aussi simple que ça. »

Décochant au passage une flèche à ses compatriotes de l'Est, il ajoute : « Je ne pense pas vraiment que les Québécois veulent se séparer, je crois qu'ils aiment l'argent que le fédéralisme leur apporte. » La menace séparatiste des Québécois ? Du bluff pour en avoir plus. Toujours plus.

Bruce utilise une métaphore familière pour parler de la situation politique de l'Alberta. « Quand vous construisez une maison, vous commencez par les fondations, puis vous percez une fenêtre. Pour moi, la séparation de l'Alberta est la fenêtre que nous pouvons utiliser si nous n'obtenons pas de modifications substantielles à la Constitution en notre faveur. Nous voulons être traités équitablement. Nous sommes fatigués de nous faire dire des choses qui ne se concrétisent jamais. »

La frustration est d'autant plus affligeante, souligne-t-il, que le gaz et le pétrole qui font la fortune de la riche Alberta sont des ressources non renouvelables, alors que les emplois de l'Est sont pour la plupart, eux, à l'abri de la disponibilité des ressources. Ce sont des emplois permanents ; peu importe le prix du baril, qu'il monte ou qu'il descende, le travail est là.

Si on a longtemps pensé que l'avenir roulerait grâce au pétrole, les choses pourraient changer rapidement. « Toyota vient de lancer une voiture qui fonctionne à l'électricité. General Motors a maintenant la sienne, et ainsi de suite. Qu'est-ce que l'Alberta va faire ? « Elle pourrait être à court de ressources pour ses propres besoins. Nous avons donné tout notre excédent de revenus à Ottawa pour l'expédier à Québec et à d'autres régions incapables d'assumer leurs dépenses. »

L'Alberta fait peut-être son orgueilleuse, mais elle sait que ses réserves seront sans doute épuisées un jour. Il est aussi possible qu'elle se réveille sans clients, car le monde aura renoncé aux combustibles fossiles. « Nous n'avons pas d'économie diversifiée ; nous pourrions devenir une province pauvre du vivant de mon fils. Moi, je suis vieux, mais mon fils, lui, vivra longtemps... »

Un pays désuni

À cause de la configuration même du Canada, il est presque impossible pour un gouvernement d'assurer à toutes les régions une relative satisfaction quant à sa représentation politique au Sénat ou à la Chambre des communes. Résultat, des pressions se font sentir ici et là pour réformer le système ou pour simplement le quitter. Jusqu'à maintenant, les forces séparatistes ont été contenues partout dans le pays, sauf bien sûr au Québec, où elles fluctuent d'une élection à l'autre, mais sans jamais disparaître. Des partis la portent, formant à l'occasion le gouvernement ou l'opposition officielle. La souveraineté est une question constamment évoquée, débattue.

Dans les autres provinces, les forces séparatistes se sont rarement exprimées par un pourcentage significatif de votes aux élections. Mais rien ne dit que les choses ne peuvent pas changer rapidement.

« Je vois le système parlementaire au Canada comme dépassé et voué à l'échec », dit Cory Morgan, un arpenteur de prospection pétrolière d'Alberta, devenu militant actif pour la souveraineté dans les années 2000. Il partage ses thèses dans son blogue intitulé *Cory Morgan ranting and raving* (Cory Morgan s'emporte). « L'échec des accords du lac Meech et de Charlottetown a démontré que même de modestes réformes constitutionnelles sont pratiquement impossibles à réaliser au Canada. Les changements significatifs risquent de l'être encore moins. J'en ai conclu que, pour que la nation canadienne renaisse, il faut qu'elle soit démolie d'abord. La sécession d'une province est le seul catalyseur capable de nous amener jusque-là. »

Pourquoi pas l'Alberta ? C'est, à son avis, la mieux placée des 10 provinces pour le faire…

Dans sa conclusion au livre *Alberta: Separatism Then and Now*, qui n'est pas un essai politique, mais un ouvrage factuel répertoriant les hauts et les bas de cette option, Michael Wagner rappelle que Stephen Harper a dû renoncer à défendre les intérêts de l'Alberta, qu'il avait pourtant toujours eus à cœur jusqu'au moment de gravir les derniers échelons du pouvoir. Il l'a fait pour raffermir ses appuis au Québec et en Ontario, de façon à représenter toutes les régions du pays. « Quand il quittera son bureau, écrit Wagner, la situation pourrait s'aggraver. Le prochain premier ministre ne sera pas un Albertain, et il ou elle aura encore moins de raisons d'en défendre les intérêts. C'est pourquoi, à mon avis, le séparatisme de l'Alberta a un avenir. »

CONCLUSION

La fin du Canada ?

Dans un exercice d'analyse anticipative, le *Toronto Star* et l'Institut du Dominion ont demandé en 2006 à 20 intellectuels d'imaginer le Canada de 2020. Trois d'entre eux – Chantal Hébert, George Elliott Clarke et Roger Gibbins – ont vu dans leur boule de cristal la fin de la Confédération telle qu'elle existe depuis 1867.

Plongeons-nous donc dans un matin de novembre 2020. Pour Chantal Hébert, seule francophone de l'équipe, les régions côtières et intérieures se sont jointes aux États-Unis, à l'exception de la province francophone, qui a acquis le statut d'État associé. Le nord du continent américain ne forme donc plus qu'un seul pays (États-Unis), avec quelques concessions à des compétences provinciales. Pour Clarke, nous en parlions plus tôt, le Canada de 2020 est également disloqué, mais de façon différente. L'Est forme désormais une entité politique, associée avec la Nouvelle-Angleterre et portant le nom d'Atlantica. Quant aux provinces de l'Ouest, elles sont désormais régies par une ville, Calgary, qui voit à leurs riches intérêts, et plusieurs ententes sur le pétrole et l'eau sont en voie d'être signées avec les puissants voisins du Sud. Le Québec, indépendant, a annexé le Labrador, et voit de son côté à conserver ses ententes commerciales fort prospères avec la province voisine, l'Ontario. Les deux amies ont même conclu une entente semi-politique pour un certain nombre de produits et services. L'auteur fait remarquer que c'est précisément dans cette région (autrefois le Haut et le Bas-Canada) qu'a pris naissance le pays aux XVIIIe et XIXe siècles. On pourrait la surnommer « Canada II ».

Dans l'Ouest, Gibbins imagine la sécession toute fraîche de l'Alberta, dont le miracle économique n'a cessé de prendre de l'expansion au rythme de l'accroissement du prix du baril de pétrole, atteignant les 200 $. Selon cette prédiction, dans la riche Alberta, l'impression de verser les profits aux provinces pauvres a soufflé les derniers doutes des inconditionnels du Canada.

Cette vision d'un éclatement de la mosaïque canadienne, tel qu'il était perçu par des observateurs lucides de la scène politique, n'avait rien de scientifique et ne valait que pour ce qu'elle était : un exercice d'anticipation. L'Institut du Dominion, reconnu pour son attachement au fédéralisme canadien (l'organisme finance par exemple les *Minutes du patrimoine*, faisant état des grands moments de l'histoire canadienne), ne souhaitait probablement pas de tels scénarios. Mais les arguments avancés pour cette évolution possible de la situation sont cohérents avec ceux que défendent les porte-parole actuels des mouvements séparatistes hors du Québec et que nous avons présentés dans le cadre du présent ouvrage. La monarchie constitutionnelle à régime parlementaire du deuxième plus vaste pays du monde aura vécu grâce à de multiples tours de force – la pendaison de Louis Riel, l'annexion forcée de Terre-Neuve, la « manifestation d'amour » fédéraliste lors du référendum québécois de 1995 jusqu'au scandale des commandites – et en faisant fi des particularités régionales. Selon les penseurs cités, la Confédération canadienne repose sur une vision qui n'est plus partagée.

Retour en 2014. Le Canada se transforme, et des citoyens de tous horizons pensent que l'équilibre fragile qui perdure entre le gouvernement central et les différentes composantes du pays pourrait se rompre à n'importe quel moment. Le Pacifique et l'Atlantique se perçoivent en axe nord-sud plutôt qu'est-ouest, laissant l'Alberta et la Saskatchewan dans un bloc idéologique qui s'oppose de plus en plus au Québec et à l'Ontario. Le point de rupture est peut-être déjà atteint dans l'esprit des gens qui adhèrent aux idées sécessionnistes. Pour les autres, ce pourrait n'être qu'une question de temps.

Les idées séparatistes confrontent l'ordre établi et choquent les idéologies dominantes. Au Québec, on en sait quelque chose. Pour le reste du Canada, elles semblent être un tabou, une source de grand malaise. Pourtant, on admet de plus en plus que le pays n'est plus ce qu'il était. Dans *The Big Shift*[1], les auteurs Darrell Bricker et John Ibbitson affirment que les idées progressistes qui ont influencé l'évolution du pays depuis un siècle et demi sont aujourd'hui remplacées par une pensée néolibérale venue de l'Ouest et capable de marquer à jamais le pays. Augmenter le budget de la défense, appliquer des compressions aux programmes sociaux, donner aux sciences une orientation plus appliquée que fondamentale, abolir le registre des armes à feu, voilà des orientations claires qui rompent avec le caractère social-démocrate du Canada traditionnel. Le « consensus laurentien », formé des penseurs de Montréal, d'Ottawa et de Toronto, a laissé la place à une force extérieure – principalement albertaine – qui transfigure le Canada. Il ne s'agit pas d'une force occulte ; elle opère en plein soleil. Les conservateurs ont pris le pouvoir en claironnant leurs idées haut et fort. Pour Ibbitson et Bricker – ce dernier est sondeur chez Ipsos-Reid –, la différence est venue des immigrants, prêts pour la grande transformation du pays. Ce sont eux qui ont fait pencher la balance en faveur des conservateurs pour un gouvernement majoritaire. Ironie du sort, ce sont les libéraux qui ont voulu attirer les immigrants au Canada afin de combler la dénatalité. « Pendant environ 20 ans, écrivent les auteurs, le Canada a importé quelque 250 000 immigrants par année,

---

1. Darrell Bricker et John Ibbitson, *The Big Shift: The Seismic Change In Canadian Politics, Business, And Culture And What It Means For Our Future*, HarperCollins, 2013. Dans ce *best-seller* national, ils écrivent noir sur blanc que le Canada ne forme pas une nation. « The Canadian Nation ? There is no such thing, and never was. », p. 15.

soit la population de Toronto tous les 10 ans. » Le pays a changé, et ces nouveaux électeurs se sont montrés naturellement favorables au Parti conservateur, qui les a rassurés dans leur désir d'un pays stable et fort. Le Québec, rappelons-le, n'a pas répondu de la même façon à l'invitation de Stephen Harper. Le *big shift* (« grand virage ») s'est déroulé malgré la Belle Province le 2 mai 2011.

Pour Michael Valpy, le constat est similaire après 18 mois de consultations. Ce professeur de l'Université de Toronto a voulu connaître l'opinion des Canadiens sur leur pays à 3 ans du 150e anniversaire de la Confédération. Son diagnostic est sévère : « Les lignes de fracture sont profondes, et les Canadiens anglais doivent savoir que le Québec et le reste du pays dérivent de plus en plus loin l'un de l'autre[2]. »

Le journaliste Jonathan Trudel, qui l'interviewe pour *L'actualité* à la suite de la publication de son analyse dans le *Toronto Star* et le *Globe and Mail*, constate que le Canada est en train de se désintégrer. Citant Valpy, il estime que le pays n'a jamais été aussi fragmenté. « Miné par une montée de l'individualisme, une fracture générationnelle et un marché du travail de plus en plus précaire, le Canada est devenu un assemblage de "communautés insulaires" qui ne s'adressent plus la parole », écrit-il.

La nation canadienne existe-t-elle ? Pas si l'on en croit les Roger Gibbins et Thomas Flanagan, proches des

---

2. Jonathan Trudel, « Bye-bye Canada », *L'actualité*, 3 juin 2014.

conservateurs de Stephen Harper. Aucun récit commun ni de mythologie fondatrice ne l'unissent d'un océan à l'autre. Pas de grands héros nationaux, pourrait-on ajouter. La feuille d'érable, qu'on retrouve sur le drapeau, ne pousse même pas dans toutes les provinces. Comment unir les « nations » du Canada en niant leurs différences fondamentales ?

De là s'impose le titre du documentaire, ainsi que du présent ouvrage: *Les États-Désunis du Canada.* Parce que nous n'avons pas réussi à être les États-Unis du Canada. Parce que l'entente de base, les promesses de son fondateur, John A. Macdonald, n'ont jamais livré leurs résultats. C'est-à-dire une Confédération, un pays décentralisé où les valeurs de chaque province se reflètent dans les lois qu'on adopte, par exemple.

À travers les propos des gens interrogés au fil du tournage, on comprend que les Québécois ne sont pas les seuls: les seuls insatisfaits, les seuls qui se sentent floués par les promesses de John A. Macdonald, les seuls à réclamer plus d'autonomie, plus indépendance. D'ailleurs, si nous avons quelque chose en commun, d'un océan à l'autre, c'est probablement cette incapacité à accomplir notre indépendance. En 1776, alors que 13 colonies britanniques de l'Amérique se battaient pour s'affranchir de l'Empire, 6 colonies du Nord – aujourd'hui le Canada – refusaient de participer à l'aventure exaltante de l'indépendance. Cent ans plus tard, ces colonies acceptaient de se rassembler en un simulacre de nation. Par peur de la vraie souveraineté, pourrait-on croire au vu de ce qui précède.

Ce qui paradoxalement nous unit : cette incapacité à être souverains.

Remerciements

Peu après la sortie du documentaire, je reçois un message Facebook de Pierre Cayouette, ancien collègue au *Devoir* aujourd'hui conseiller littéraire chez Québec Amérique : « Sujet intéressant pour un livre. » Grand merci à Pierre sans qui une grosse recherche et des dizaines d'heures d'entrevues auraient dormi dans des boîtes *ad vitam æternam*. Mais avais-je le temps d'écrire un livre, en pleine production d'un prochain film ? Le hasard faisant si bien les choses, je rencontre quelques mois plus tard le journaliste et écrivain Mathieu-Robert Sauvé. Pendant six mois, tous les vendredis, j'ai transmis la matière à Mathieu-Robert, qui a eu l'idée de faire un récit de notre périple en faisant sienne la recherche, la nourrissant d'éléments pertinents : travail colossal, pour lequel je te dis bravo et merci, Mathieu-Robert.

Merci aussi à l'équipe du film : Michel Barbeau, Martin Gagnon, Pierre-Alexis Jasmin, Marie-Michèle Tremblay, Hugues Dufour, Maryse Bellemare, Lyne Lacroix, Nathalie Petit et tous les collaborateurs à la production. Merci à Jean-Pierre Laurendeau et Sylvie de Bellefeuille chez Canal D, les premiers diffuseurs à y avoir cru.

Je me dois de remercier aussi tous ces gens qui ont accepté de participer au film, de livrer à la caméra leur perspective d'un Canada désuni, et qui m'ont fait découvrir de multiples facettes du *ROC*.

Merci à Martin Geoffroy, pour ton soutien permanent et inconditionnel ainsi qu'à Sylvain Cormier, mon mentor, mon indéfectible ami.

Merci à l'équipe enthousiaste et chevronnée de Québec Amérique, particulièrement à Martine Podesto et Myriam Caron Belzile.

Merci à mes deux amours : Éric Ruel et Jules Maroist-Ruel.

Je dédie ce livre à mon père, Jules Maroist, qui m'a donné la piqûre de la politique.

À propos des auteurs

Photo : © Martine Doyon

Guylaine Maroist

Guylaine Maroist est une femme de plusieurs passions : d'abord journaliste – elle réalise notamment une entrevue mémorable avec Yasser Arafat en 1995 – et musicologue, elle travaille un certain temps auprès de maisons de disques, puis en 1999, se passionne pour la réalisation télévisuelle. C'est à cette époque qu'elle propose à MusiMax le concept des Musicographies, projet qui l'amènera à réaliser près de 2 000 entrevues avec les artisans du *showbiz* québécois. Cet ambitieux travail de mémoire sur la chanson – plus de 70 musicographies – récoltera 3 nominations aux prix Gémeaux. En 2002, dans la foulée de cette aventure, elle fonde avec Éric Ruel les Productions de la ruelle, société de production dédiée aux films et séries télé documentaires. Leur troisième réalisation, le documentaire *Bombes à retardement*, s'est vu récompenser du Ruban d'or – meilleur documentaire de l'année par l'Association canadienne des radiodiffuseurs. Quant à *Gentilly or not to be*, leur projet suivant, il a récolté deux prix Gémeaux (Meilleure recherche et Meilleur montage) en 2013.

C'est en effectuant la recherche pour *Bombes à retardement*, dans l'Ouest canadien, que Guylaine Maroist mettra le doigt sur le sujet des *États-Désunis du Canada* : les séparatismes canadiens hors Québec, et l'illusion du

ROC uni. Le documentaire, sorti en 2012, suscitera de vives réactions dans tout le pays, attisant l'attention des médias avec sa bande-annonce incendiaire mais surtout son sujet étonnant, et vaudra aux Productions de la ruelle un troisième prix Gémeaux en 2013 (Meilleur documentaire société).

Principaux prix et nominations :

- 2013 – Prix Gémeaux avec les Productions de la ruelle. Catégorie Meilleur documentaire société pour *Les États-Désunis du Canada*
- 2013 – Prix Gémeaux avec les Productions de la ruelle. Catégorie Meilleure recherche pour le documentaire *Gentilly Or Not To Be*
- 2013 – Prix Gémeaux avec les Productions de la ruelle. Catégorie Meilleur montage pour le documentaire *Gentilly Or Not To Be*
- 2011 – Prix Pierre-Berton 2011, Histoire Canada, remis par le gouverneur général du Canada, pour le projet multimédia *J'ai la mémoire qui tourne*
- 2011 – Nomination au Banff World Media Festival. Catégorie Numérique pour *J'ai la mémoire qui tourne*
- 2009 – Cinq nominations aux prix Gémeaux. Catégories Meilleure série documentaire, Meilleur scénario documentaire, Meilleur montage, affaires publiques, documentaire série, Meilleur son, documentaire affaires publiques, biographie, Meilleur site web, affaires publiques documentaires, magazine ou sport

- 2008 – Sélection de *Time Bombs/Bombes à retardement* aux Rendez-vous du cinéma québécois et au Palm Beach International Film Festival
- 2008 – Grand prix du jury, New York Film Festival. Catégorie Meilleur documentaire pour *Time Bombs/Bombes à retardement*
- 2008 – Prix du Ruban d'or, Association canadienne des radiodiffuseurs. Catégorie Meilleur documentaire pour *Time Bombs/Bombes à retardement*
- 2008 – Deux nominations aux prix Gémeaux. Catégories Meilleure recherche et Meilleur montage pour *Time Bombs/Bombes à retardement*
- 2007 – Sélection de *Time Bombs/Bombes à retardement* aux Rencontres internationales du documentaire de Montréal
- 2007 – Nomination aux prix Gémeaux, dans la catégorie Meilleure biographie ou portrait pour la musicographie de René Angelil
- 2004 – Nomination aux prix Gémeaux, dans les catégories Meilleur montage, Meilleur montage sonore et Meilleur documentaire culturel pour le documentaire *Chanter plus fort que la mer*
- 2001 – Nomination aux prix Gémeaux, dans la catégorie Meilleure recherchiste pour la musicographie de Renée Martel
- 2000 – Nomination aux prix Gémeaux, dans la catégorie Meilleure recherche, toute catégorie, documentaires, émission ou série d'information pour la musicographie de Nanette Workman

Photo : © Yves Renaud

Mathieu-Robert Sauvé

Journaliste et auteur d'essais et de biographies, Mathieu-Robert Sauvé a présidé l'Association des communicateurs scientifiques du Québec de 2008 à 2012. Journaliste à *Forum* et rédacteur en chef du magazine *Les diplômés*, de l'Université de Montréal, il est aussi pigiste pour la presse écrite québécoise. Chroniqueur scientifique pour Ici Radio-Canada Première de 2010 à 2012, il a aussi signé des textes dans une quinzaine de publications dont *L'actualité*, *Le Devoir*, *La Presse*, *Géo Plein Air* et *Québec science*, remportant au passage plusieurs prix de journalisme et d'écriture. Ses loisirs : la course à pied (23 marathons complétés), le hockey, le ski de fond, le vélo et la descente de rivières en canot. Il est le père de quatre fils.

Livres publiés :

- *L'amour peut-il rendre fou… et autres questions scientifiques*, essai, Presses de l'Université de Montréal, 2014. En collaboration avec Dominique Nancy.
- *Dr Stanley Vollant, mon chemin innu*, biographie, MultiMondes, 2013.
- *Le futur prêt-à-porter*, essai, MultiMondes, 2011.
- *Jos Montferrand, Le géant des rivières*, biographie, XYZ Éditeur, collection Les grandes figures, 2007.

- *Échecs et mâles, du Marquis de Montcalm à Jacques Parizeau*, essai, Les Intouchables, 2005.
- *L'éthique et le fric*, essai, VLB Éditeur, collection Gestations, 2000.
- *Louis Hémon. Le fou du lac*, biographie, XYZ Éditeur, collection Les grandes figures, 2000.
- *Léo-Ernest Ouimet. L'homme aux grandes vues*, biographie, XYZ Éditeur, collection Les grandes figures, 1997.
- *Joseph Casavant. Le facteur d'orgues romantique*, biographie, XYZ Éditeur, collection Les grandes figures, 1995.
- *Le Québec à l'âge ingrat, Sept défis pour la relève*, essai, Boréal, 1993. Prix littéraire Desjardins 1994.

Les coréalisateurs du documentaire

Éric Ruel

Grâce à ses collaborations à des projets à titre de producteur, réalisateur et monteur, Éric s'est fait connaître à l'échelle nationale et internationale. Il a contribué en tant que monteur à des œuvres de l'Office national du film du Canada, Radio-Canada et dans le domaine publicitaire avant de faire le grand saut vers le documentaire. Il fonde avec Guylaine Maroist Les Productions de la ruelle en 2002. Ses documentaires sont aujourd'hui diffusés sur les grandes chaînes télé au Québec, au Canada et dans toute la francophonie. Ses films et séries documentaires lui ont valu de nombreux prix, dont le prix Pierre Berton, récompense décernée par le gouverneur général pour son travail dans *J'ai la mémoire qui tourne*; le Gold Ribbon Award en 2008 pour *Time Bombs/Bombes à retardement* et les Gémeaux du Meilleur documentaire et Meilleur montage pour *Les États-Désunis du Canada* et *Gentilly Or Not to Be* en 2013.

Il a produit et réalisé en 2014 le documentaire *God Save Justin Trudeau*. Par ses actions et sa passion, Éric Ruel fait bouger et évoluer les choses dans plusieurs sphères d'activités. En phase avec l'ère créative du numérique, il veille à rendre ses œuvres documentaires toujours plus accessibles et interactives.

Michel Barbeau

Réalisateur aux intérêts multiples, Michel Barbeau aime aborder autant les sujets grand public que d'autres plus pointus : son parcours éclectique en fait foi. À ses débuts, il réalise des centaines de reportages d'affaires publiques principalement pour les chaînes publiques (TVOntario, Télé-Québec, Radio-Canada). Passionné par l'histoire, il dirige en 1999 à l'Office national du film du Canada, une série de films sur l'histoire et la géographie (*Transit*) qui est saluée par le premier prix - Award of Excellence, du Amtec Media festival de Vancouver. Il plonge ensuite dans le milieu culturel en réalisant de nombreux documentaires uniques, des captations de spectacles et d'émissions spéciales sur des artistes d'exception. La science attire son intérêt pendant quelques années, ce qui l'amène à coréaliser en 2008 *Le sacre de l'homme – le Néolithique*, une série de documentaires scientifiques pour des diffuseurs internationaux et locaux (France Télévisions ; ZDF Allemagne ; USA Discovery ; SRC - *Découverte* et CBC - *The Nature of things*).

Ayant un sens aigu du rythme et une remarquable maîtrise des outils du récit, il est reconnu pour être un réalisateur créatif au discours clair. Michel Barbeau vient de terminer le film *Au-delà de l'image - Le monde de Michel Lemieux et Victor Pilon* (ARTV ; Télé-Québec 2014), pour lequel il a consacré plus d'un an à explorer l'univers de ces deux artistes multidisciplinaires.

Cahier photo

LA RÉPUBLIQUE DE TERRE-NEUVE

VOCM
DEPEND ON IT

Bases in Newfoundland
Newfoundlanders
PROTECT YOUR FAMILIES
By Voting For
CONFEDERATION

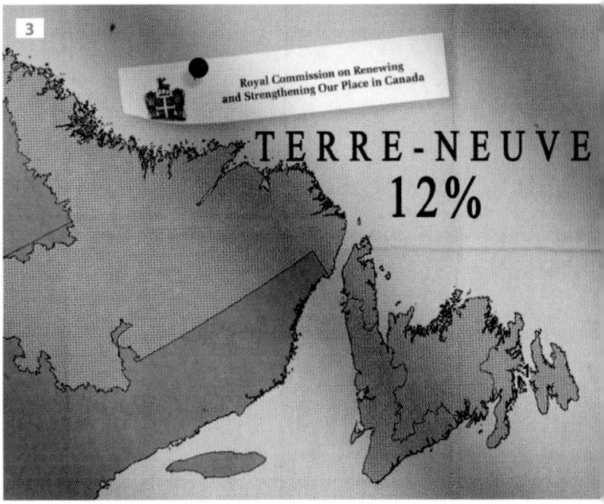
Royal Commission on Renewing
and Strengthening Our Place in Canada
TERRE-NEUVE
12%

REPUBLIC OF
NEWFOUNDLAND

Government
Bulletin
3 CHOICES IN REFERENDUM
Commission, Responsible Government and
Confederation to Appear on Ballot Paper
OICES
Commission,
Confederation

LA RÉPUBLIQUE DE TERRE-NEUVE

5

6

1 Des bateaux abandonnés à Petty Harbour.

2 Bill Rowe, ancien politicien, avocat, animateur radio et écrivain, rencontré dans les studios de VOCM, à St. John's.

3 En 2002, une commission royale sur l'avenir de Terre-Neuve au sein du Canada révèle que 12 % de la population est séparatiste.

4 À Petty Harbour, sur la côte de Terre-Neuve, une fresque réalisée par Tim Van Horn, sur les murs du centre communautaire, nous ramène à une autre époque : celle de l'abondance.

5 8 Politicien et journaliste de Terre-Neuve, Ryan Cleary nous a rencontrés dans le port de St. John's.

6 Shannon Harris, rencontré dans un stationnement peu après l'arrivée de l'équipe à Terre-Neuve.

7 Tom Best, à Petty Harbour.

9

10

11

12

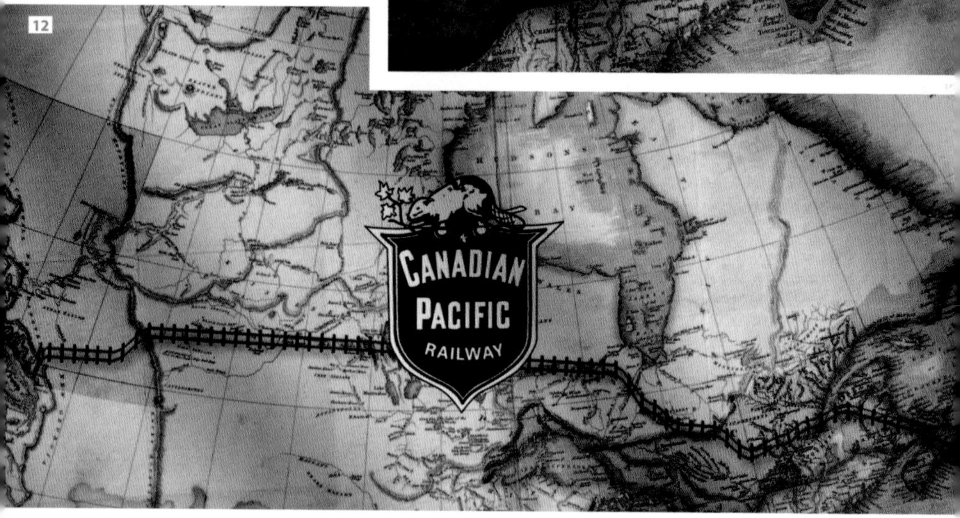

13

14

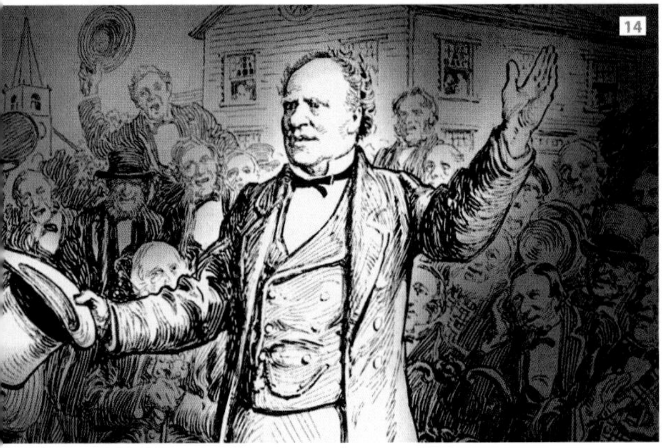

15

HALIFAX, NO

ning Chronicle

OWE'S BETRAYAL

gainst Mr. Joseph Howe's ac-
a position in John A. MacDon-
et continues to run high. After
g for such a long time a
anti-Confederation stand, Mr.
dden shift has all the earmarks
ayal of the highest order.
persons in business Halifax has
rded both scope and encourage-
continent there is not per-

9 *Prelude to Confederation* : photo d'une toile de Rex Woods montrant les Pères de la Confédération sur le pont du SS *Queen Victoria*. Source : Bibliothèque et Archives Canada / Rex Woods / PA-164727.

10 Joseph Howe, env. 1871. Source : Bibliothèque et Archives Canada/C-022002.

11 En 1864, les trois colonies des Maritimes sont convoitées par John A. Macdonald, chef du Canada-Uni.

12 Le réalisateur Michel Barbeau a créé cette image pour illustrer le fantasme de Macdonald : un Canada uni *from coast to coast* par le Canadian Pacific Railway.

13 *Fathers of Confederation*. Source : Bibliothèque et Archives Canada, Acc. No. 1967-49-11 / Confederation Life Association / C-148218.

14 *Joseph Howe Addressing an Open Air Meeting*, par Charles William Jefferys. Source : Bibliothèque et Archives Canada, n° d'acc 1972-26-609 / C-073666.

15 *The Annexation Engine*. Source : *A Caricature History of Canadian Politics*, par J. W. A. Bengough, Vol. 1 & 2, Toronto : The Grip Printing & Publishing Co., 1886.

16 Une affiche visible durant la marche pour l'égalité linguistique qu'a filmée l'équipe de tournage.

17 La marche pour l'égalité linguistique à Moncton, en 2010, alors que la province est officiellement bilingue depuis 1969.

18 Un tract de l'Anglo Society of New Brunswick distribué lors d'une marche militante, en 2010.

16

18

What is the Anglo Society?
The Anglo Society is a non-profit organization dedicated to the promotion and protection of the English language and culture in the province of New Brunswick. It attempts, through the power of the citizens, to reestablish the connection between the daily lives of the people and their heritage.

Who can join the Society?
Anyone can join the Anglo Society, but primarily, if you use English as your main language of daily living you will be interested in what the Anglo Society is doing. The Anglo Society is not affiliated with any political or cultural organizations and welcomes anyone who shares our interests and concerns.

How do I join?
To join the Anglo Society all you must do is send your name and address to the address in this brochure along with the $5.00 membership fee. In return, you will receive our new member letter and your membership card as well as have voting rights at our annual general meeting.

The Anglo Flag:
The Anglo Flag was developed by members of the Society and is registered as a trademark of the Gloucester Anglo Society Inc. The crosses of St. Andrew and St. George make up the background of the flag but the red bars coming from each of the corners and joining in the middle represent the four corners of New Brunswick uniting for the good of the province and the nation. The Maple Leaf in the center represents the fact that first and foremost we are Canadian. The Lion in the center of the Maple Leaf represents the English language and culture. All of the parts together are the Anglo Flag.

Show your support:

Anglo Flag	$30.00 each
Car Flag	$15.00 each
T-Shirt	$19.95 each
Window Stickers	$ 3.00 each

THE ANGLO SOCIETY RECEIVES NO GOVERNMENT FUNDING OF ANY KIND.
DONATIONS ARE ALWAYS WELCOME

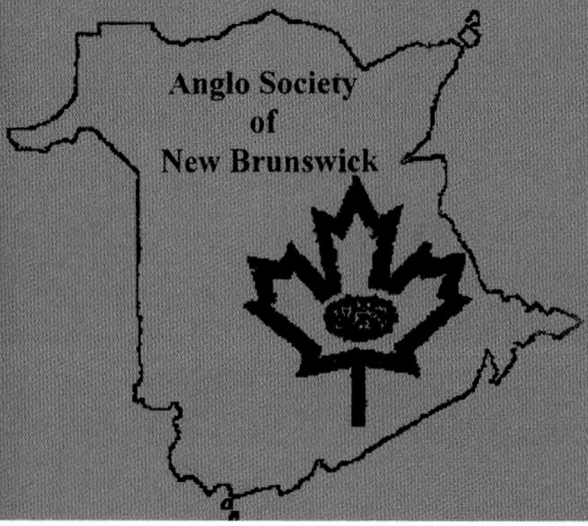

17

19

20

21

1884
Rébellion du Nord-Ouest en Saskatchewan

22
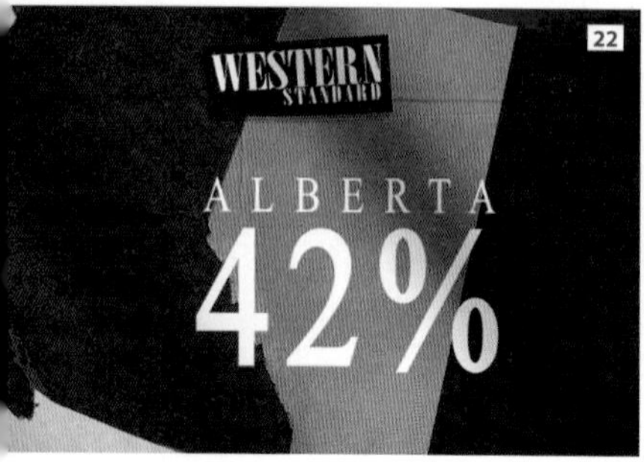
WESTERN STANDARD
ALBERTA
42%

23

24

Canada
Firearm
Firearm regulation
ownership is a righ
right to self-defens
Albertan culture.
The Financial Costs of Gun Control

Oil

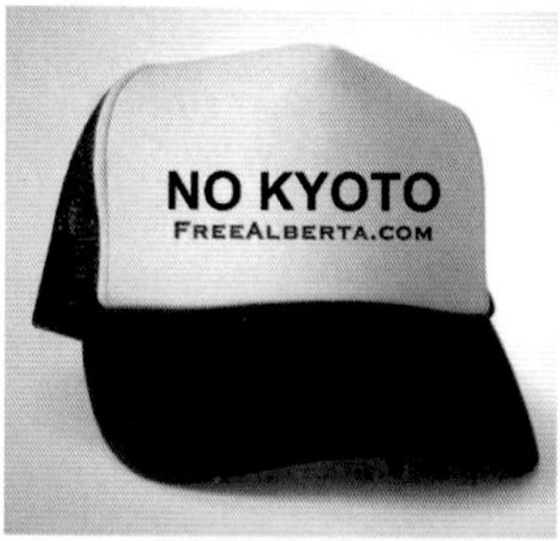
NO KYOTO
FreeAlberta.com

25

26

27

28

Defend the West!
NO
Kyoto
Wheat Board
Gun Registry
Alberta

STEVE
HARPER
REFORM PARTY

29

30

BUFFALO

31

32

33

34

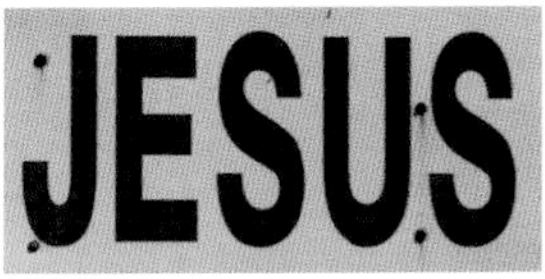

19 Des conseillers du gouvernement provisoire de la nation métisse, 1870. Source : Bibliothèque et Archives Canada / PA-012854.

20 Louis D. Riel, 1879 – 1885. Source : Bibliothèque et Archives Canada / Duffin and Co. / C-052177.

21 La prise de Batoche. Source : Bibliothèque et Archives Canada / C-002424.

22 Selon un sondage du *Western Standard* réalisé en 2005, un peu plus de 42 % des Albertains seraient prêts à « commencer à explorer l'idée de fonder leur propre pays ».

23 Leon Craig, écrivain et professeur émérite de philosophie politique à l'Université de l'Alberta.

24 Le drapeau de l'Alberta.

25 Bruce Hutton, ancien policier de la Gendarmerie royale du Canada qui dirigea pendant un temps le Separation Party of Alberta.

26 Les sables bitumineux de l'Alberta.

27 Calgary, au cœur des Prairies.

28 Jefferson Glapski, courtier albertain travaillant dans le domaine de la finance et indépendantiste convaincu.

29 Michael Wagner, historien et politicologue, en compagnie de sa femme et de neuf de ses dix enfants.

30 Roger Gibbins, ex-professeur en sciences politiques à l'Université de Calgary, président de la Canada West Foundation de 1998 à 2012.

31 David Sawkiw, organisateur du Western Independent Party of Saskatchewan (WIPSK).

32 Le drapeau de la Saskatchewan.

33 Une rencontre de l'exécutif du WIPSK, chez David Sawkiw.

34 Brad Steppan, pasteur ménonite saskatchewanais.

35

36

37

38

FREE THE WEST
www.westcan.org

39

WEST
FREE THE WEST
www.westcan.org

Western Canada Concept will
FREE THE WEST

40

41

- **35** Le drapeau de la Colombie-Britannique.
- **36** Thomas Jefferson, troisième président des États-Unis et rédacteur d'une partie de la Déclaration d'indépendance américaine.
- **37** Douglas Christie, décédé en 2013, a été un pilier du mouvement séparatiste de l'Ouest.
- **38** Douglas Christie, lors de sa rencontre avec l'équipe de tournage, manifeste la même flamme qu'à ses débuts.
- **39** Le Parlement de la Colombie-Britannique, à Victoria.
- **40** Douglas Christie présidant une assemblée autonomiste.
- **41** Le Western Canada Concept, fondé par Douglas Christie, donne une voix à l'aliénation de l'Ouest.
- **42** Un des nombreux drapeaux inspirés du Mouvement d'indépendance de Cascadie.

42

SUR LA ROUTE DES *ÉTATS-DÉSUNIS DU CANADA*

44

43

45

46

47

SUR LA ROUTE DES *ÉTATS-DÉSUNIS DU CANADA*

43 Guylaine Maroist discutant avec Brad Steppan.

44 Les réalisateurs Michel Barbeau, Guylaine Maroist et Éric Ruel, lors de la remise des prix Gémeaux en 2013.

45 Douglas Christie et Guylaine Maroist, devant le parlement de la Colombie-Britannique.

46 Ce visuel, réalisé par François Savard, avait été envisagé comme affiche pour le film, mais, jugé trop provocateur, il a dû être mis de côté.

47 L'équipe à bord du traversier pour Victoria.

48 Guylaine Maroist et Éric Ruel à Banff, Alberta.

49 Guylaine Maroist et l'éditorialiste en chef de l'*Acadie Nouvelle*, Jean Saint-Cyr, à Caraquet (Nouveau-Brunswick).

50 L'équipe à Lethbridge, Alberta.

51 L'équipe à Preeceville, Saskatchewan.

52 L'équipe à Vancouver, Colombie-Britannique.

53 Guylaine Maroist avec Barry Cooper et Tom Flanagan, tous deux politologues à l'Université de Calgary, en Alberta.

54 Autre visuel, réalisé par Guillaume Lépine, envisagé pour l'affiche du documentaire.

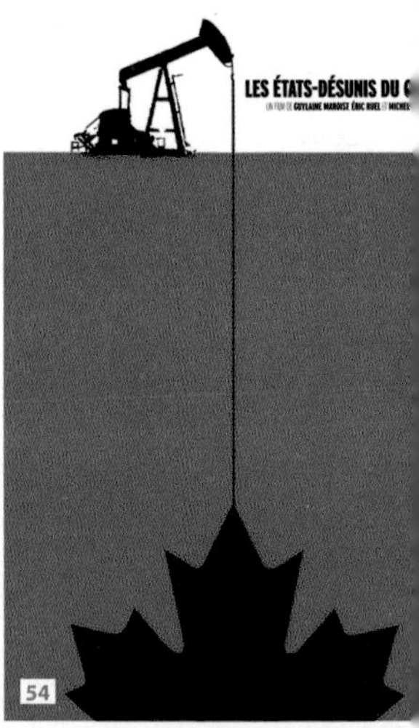